# Scratch 3.0 入門　CONTENTS

はじめに………………………………………………………………………………… 3
特別付録PDFのダウンロード……………………………………………………… 4

## 第1部 「Scratch」の基本的仕組みと機能

### 第1章　「Scratch」のインストールと初期画面の導出
[1-1]　ダウンロード………………………………………………………………… 6
[1-2]　インストール………………………………………………………………… 8
[1-3]　「Scratch」の起動…………………………………………………………… 8
[1-4]　旧バージョン(Scratch 2.0)との比較…………………………………… 9

### 第2章　「Scratch」の画面を知ろう
[2-1]　「Scratch」の画面構成………………………… 10
[2-2]　メニューバーの説明…………………………… 11
[2-3]　スプライト作成の3要素……………………… 12
[2-4]　ステージ………………………………………… 17
[2-5]　スプライトリスト……………………………… 19
[2-6]　「Scratch」の特徴と学び方…………………… 21

### 第3章　「コード」の基本機能
[3-1]　コードとブロックパレット…………………… 22
[3-2]　ブロックの形状………………………………… 23
[3-3]　プログラム作成①(逐次処理)………………… 26
[3-4]　プログラム作成②(条件分岐処理)…………… 29
[3-5]　プログラム作成③(反復処理)………………… 33
[3-6]　条件分岐処理と反復処理の統合……………… 35
[3-7]　プログラムファイルの保存…………………… 38
[3-8]　プログラムファイルの読み込み……………… 40

### 第4章　「コスチューム」と「おと」の基本機能
[4-1]　「コスチューム」の基本機能………………………………………………… 41
[4-2]　スプライトの保存・読み込み……………………………………………… 51
[4-3]　「おと」の基本機能…………………………………………………………… 53

### 第5章　四則演算をしよう
[5-1]　四則演算①(値ブロックのみで演算)……………………………………… 55
[5-2]　四則演算②(実数値の使用)………………………………………………… 61
[5-3]　四則演算③(変数使用)……………………………………………………… 64
[5-4]　初期化の措置………………………………………………………………… 74
[5-5]　その他の計算(累乗計算)…………………………………………………… 76

## 第2部 「Scratch」の活用事例

### 第6章　重要な拡張・追加機能
[6-1]　拡張・追加機能の種類と画面………………… 80
[6-2]　ブロックパレットの拡張機能………………… 81
[6-3]　スプライトの追加機能………………………… 84
[6-4]　ステージの追加機能…………………………… 91
[6-5]　コスチュームの追加機能……………………… 92
[6-6]　「音」の追加機能………………………………… 94

### 第7章　「正多角形」を作図しよう
[7-1]　「正多角形」とは………………………………… 96
[7-2]　「正方形」の作図①……………………………… 98
[7-3]　「正方形」の作図②……………………………… 102
[7-4]　「正三角形」の作図……………………………… 104
[7-5]　「正五角形」の作図……………………………… 106
[7-6]　他の図形(「円」の作成)に挑戦……………… 108
[7-7]　正多角形の「面積」の求め方…………………… 109

### 第8章　漢字の「筆順」を覚えよう
[8-1]　小学校で覚える漢字…………………………… 114
[8-2]　小学1年生が覚える漢字の「筆順」①………… 115
[8-3]　「タイトル」の表示……………………………… 120
[8-4]　小学1年生が覚える漢字の「筆順」②………… 124
[8-5]　漢字の「音訓」を入れよう……………………… 125

### 第9章　「作曲」をしてみよう
[9-1]　「音」を鳴らしてみる…………………………… 126
[9-2]　音楽の基礎知識………………………………… 130
[9-3]　作曲しよう……………………………………… 131
[9-4]　背景に「音符」を表示…………………………… 137
[9-5]　「伴奏曲」を入れよう…………………………… 139
[9-6]　他の楽器にも挑戦……………………………… 142

索引……………………………………………………………………………………… 143

# はじめに

2020年に小中学校にプログラム教育の導入が開始される。

IoT時代の現在、さまざまなものがコンピュータで動かされており、この動きの「背後の仕組み」を子供のころから知っておくことは、今後の大きな糧となることは間違いないことである。

＊

しかし、大きな課題も山積している。

文部科学省が全国の教育委員会にプログラム教育のアンケートを実施したところ、多くの現場の教員からさまざまな課題が提出された。

コンピュータを導入する環境、すなわち①「ネットワーク環境」の未整備や、②「コンピュータ台数の不足」など環境整備面の遅れ、③指導できる「教員不足」、さらには④授業などに使う適当な「教材」がほとんどない――などさまざまな問題点が指摘された、

このうち特に深刻なのが、④「教材開発」の問題である。

数ある言語のうち、どのようなプログラム言語を授業で使うか、どのような科目に、どのような内容で、どの学年に、どのくらいの時間で行なうか、という問題が浮上している。

この問題に対して、統一見解はなく、ほとんど現場の教員に委ねているのが現状である。

＊

このままでは、プログラム教育の格差が生じ、現場の混乱が予想される。

プログラム教育の導入により、従来、行なわれてきた教科内容の質と量に支障をきたしては、何のためのプログラム教育かと言わざるを得ないからである。

＊

このような課題解決のため、大学で「スクラッチ研究会」を立ち上げ、教育委員会や県内外の小中高の先生方と意見交換をしながら、あるべきプログラム教育の教材作りを行なってきた。その成果として、本書の出版に至った。

本書は子供用プログラム言語として、世界で普及され、かつサポート体制のしっかりしている「Scratch」(スクラッチ)を取り上げ、各教科に対応したプログラムを分かりやすく作っている。

「Scratch」をどのように授業に組み込み、利用するか、さまざまな実践例などを提示しながら作り上げた。

本書が、プログラム教育への1つの指針となれば、望外の喜びである。

＊

最後に、本書の執筆に参加した石倉果歩さんは、私のゼミ生で、コンピュータ研究会の一員として、本書の作成に参加し、いろいろのアドバイスをしていただいた。この場を借りて謝辞を述べたい。

梅原　嘉介

## 「附録PDF」のダウンロード

本書の以下の「附録PDF」が、工学社ホームページのサポートコーナーからダウンロードできます。

・「太陽系」を観察しよう

<工学社ホームページ>

http://www.kohgakusha.co.jp/support.html

ダウンロードしたファイルを解凍するには、下記のパスワードを入力してください。

**JhG48baQ**

すべて「半角」で、「大文字」「小文字」を間違えないように入力してください。

●各製品名は登録商標または商標ですが、®およびTMは省略しています。

# 第1部
# 「Scratch」の基本的仕組みと機能

まずは、「Scratch」の「基本的仕組み」や「機能」を学び、基礎知識を習得する。
そして、「四則演算」をとおして、「Scratch」によるプログラムの構築の仕方や、教材導入へのメリットを説明する。

# 第1章

## 「Scratch」のインストールと初期画面の導出

「Scratch」（スクラッチ）は、難しいプログラム言語を使わなくても、子供たちが可能な限り簡単にプログラム言語を学習できるように開発された言語で、「ブロックプログラム」とも呼ばれている。

「Scratch」は2006年に、MITメディアラボの"ミッチェル・レズニック"の主導によって開発され、最新版である「Scratch 3.0」は2019年1月2日（アメリカ時間）にリリースされた。

この「Scratch 3.0」を読み込むためのインストールには、オフライン版とオンライン版の2つがある。

本書ではインターネットに繋がっていない環境でも使用することができるため、オフライン版の「オフラインエディター」をインストールする。

## 1-1 ダウンロード

最初に、「Scratch」に必要なファイルをダウンロードして、入手することから始めよう。

#### [1]ダウンロードのページURLを入力

インターネットブラウザを開き、次のURLアドレスを打つ。

```
https://scratch.mit.edu/download
```

「Scratchデスクトップ」の画面が表示される。

[1-1] ダウンロード

**[2]ダウンロードをクリック**

画面からOSを選択後、「ダウンロード」をクリックする。
今回は「Windows 10」を選択。

**[3]「名前を付けて保存」をクリック**

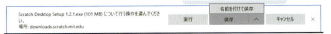

**[4]保存先を「デスクトップ」、ファイル名はデフォルトのままで、「保存」をクリック**

しばらくすると、「ダウンロードが完了した」との表示が出る。

デスクトップ画面に「Scratch Desktop Setup1.2.1」のアイコンが表示される。

# 第1章 「Scratch」のインストールと初期画面の導出

## 1-2　インストール

続いて、インストールを行なう。

インストールとは、「Scratch」を動かすための操作である。

[1] デスクトップ上の「Scratch Desktop Setup1.2.1」のアイコンをクリック

[2] インストールの開始

　インストールが始まり、しばらくして完了する。

　デスクトップ画面に「Scratch Desktop」のアイコンが表示される。

## 1-3　「Scratch」の起動

インストールが完了したので、「Scratch」の起動をしよう。

[1] デスクトップ上の「Scratch Desktop」をダブルクリック

[2] 次の画面が表示されるので「No,thanks」を選択

**[3]**「Scratch 3.0」の初期画面の表示

## 1-4　旧バージョン(Scratch 2.0)との比較

　「Scratch 3.0」が旧バージョンと大きく異なるのは、初期画面の配置である。

　「Scratch 2.0」では、「ブロックパレット」が真ん中の位置に、「ステージ画面」は右側に、「コードエリア」画面が左側にある。(下図)
　しかし、基本的な操作については大きな変化はない。

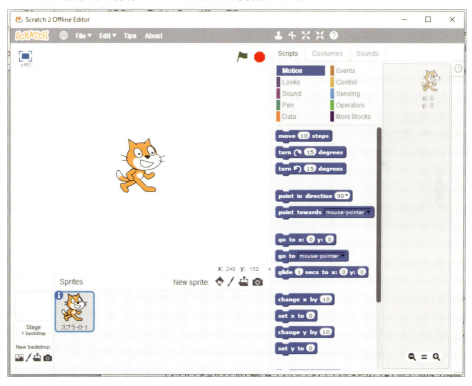

9

# 第2章

# 「Scratch」の画面を知ろう

「Scratch」の初期画面の構成と画面の基本操作をしっかり把握しよう。

## 2-1 「Scratch」の画面構成

最初に、起動後の「Scratch」の初期画面の構成を見てみよう。

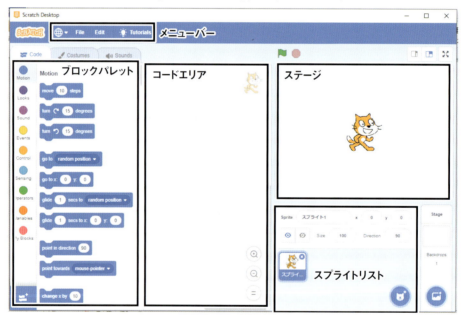

これは、「Scratch 3.0」オフラインエディター」の画面構成である。

上部に「メニューバー」、左側に「ブロックパレット」、真ん中に「コードエリア」、右側に「ステージ」、ステージ下に「スプライトリスト」がある。

順次、説明していこう。

## 2-2　メニューバーの説明

「メニューバー」は、「地球ロゴマーク」「File」「Edit」「Tutorials」など、操作命令がまとめられた操作領域である。

主に、プロジェクトの読み込みやファイルの保存で使うことが多い。

詳しくは、プログラムを作ることが必要になった際に説明する。

ただし、「地球ロゴマーク」は、「Scratch」で使用する言語を決めるところなので、「英語表示」から「日本語表示」に変えるため、最初に使い方を見ておこう。

[1] 最初に、メニューバーから**地球ロゴ**をクリックする。

[2] 英語の他、さまざまな外国語が並んでいる。

# 第2章 「Scratch」の画面を知ろう

**[3]** 画面をスクロールさせると、日本語には、「**日本語**」と「**にほんご**」の2つが表示されている。

　「にほんご」を選択すると「ひらがな」表記になるので小学校の低学年にも分かるようになっている。

**[4]** ここで、「ひらがな」を選択してみよう。

　「Scratch」画面は次のようにひらがな表示になる。

　「日本語」を選択すると、「漢字ひらがな交じりの日本語」が表示される。
　本書では、第Ⅰ部までは「**ひらがな**」を選択し、第Ⅱ部以降からは、「**日本語**」を選択し、説明する。

## 2-3　スプライト作成の3要素

　「ブロックパレット」の上部に、スプライトを作成するための「**コード**」「**コスチューム**」「**おと**」の3つの要素が表示されている。

　それぞれ選択すると、「ブロックパレット画面」「コスチュームエディター画面」「おとの設定画面」が表示される。

　これはスプライト（キャラクター）の「コード」「デザイン」「音」などを加工処理する重要な要素である。

[2-3] スプライト作成の3要素

なぜなら、「Scratch」とはこれらの3要素を自由自在に組み込むプログラムと言えるからである。

## ■ コード

初めは「コード」が選択されており、画面には「ブロックパレット」と「コードエリア」が表示されている。

ブロックパレット画面には、色付きの円アイコンで「コードの種類の一覧」（コードグループ）が表示され、その右側にはコードの種類に応じたブロックが表示される。

※「コード」と「プログラム」は本書では同じものとして扱う。

コードグループの「うごき」の円アイコンを選択すると、使える「うごき」ブロックの一覧が表示される。

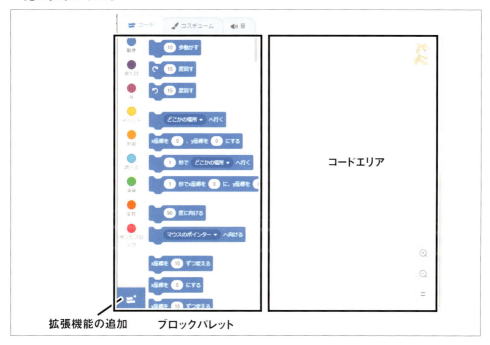

コードグループの「下部のタブ」をクリックすると、隠れていた「拡張機能の追加」が表示される。
これをクリックすると、11個の追加機能が表示される（詳しい説明は6章で行なう）。

コード画面の右側にある「コードエリア」では、ブロックパレット画面からブロックを「ドラッグ」し、並べ替えることによってプログラムを作る。
コードエリアは、「Scratch」における中核を占める画面である。

13

# 第2章 「Scratch」の画面を知ろう

たとえば、ステージにあるネコのスプライトを動かすには、従来のプログラムでは何行もコードを書く必要があるが、「Scratch」ではブロックパレットから「10ほうごかす」ブロックを、コードエリアにドラッグすることでできるようになる。

このブロックをコードエリアにドラッグ後、ブロックを直接マウスでクリックすると実行される。

その結果、「ステージ」画面には、スプライトのネコが右に動く様子が表示される(詳しくは次の**3章**で説明する)。

コードエリアの画面右下には「プラス」「マイナス」「イコール」の3つのアイコンがある。

「＋(プラス)のアイコン」をクリックするごとにブロックが大きくなり、「－(マイナス)」をクリックするごとにブロックが小さくなる。

さらに、「＝(イコール)」を押すとブロックが当初の大きさに戻る。

[2-3] スプライト作成の3要素

## ■ コスチューム

画面の「コスチューム」をクリックすると、隠れていた「コスチュームエディター画面」が表示される。

この画面では、ペイントツールを使ってスプライトに色を付けたり、新たにスプライトなどを自作することができる(詳しくは4章[4-1]で説明)。

＊

ここで注意しておこう。
「コスチュームエディター」画面で使う画像は、デフォルトで表示されている「ベクター画像」と、「ビットマップ画像」の2種類がある。

「ベクター画像」は線の向きや長さの指定によって作られているのに対して、「ビットマップ画像」はピクセルと呼ばれる点の集合により作られている。

両者の大きな違いの一つとして、「ビットマップ画像」では、拡大すると解像度によってはギザギザ(ジャギー)が出るが、「ベクター画像」は、拡大縮小のたびに描画しなおされるため、ギザギザが出ない点である。

画面下の「ビットマップにへんかん」をクリックして、両画像の違いを見てみよう。

※本書はベクター画像を使っていく

# 第2章 「Scratch」の画面を知ろう

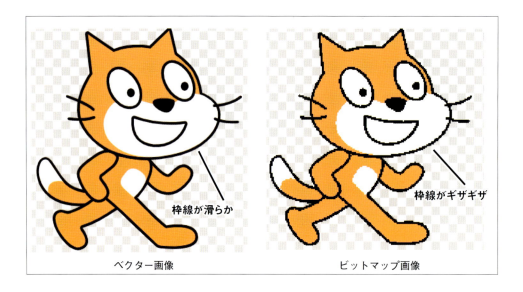

ベクター画像　　　　　　　ビットマップ画像

さらに、画面左下部にあるタブにマウスを置くと、隠れていたコスチュームの「**追加機能**」が表示される。(詳しい説明は6章で行なう)

## ■ おと

「おと」を選択すると、ネコの鳴き声を操作する画面が表示される。

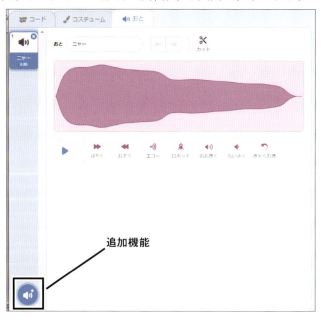

この画面から、スプライトで使う音の「**速度**」や「**音量**」などが調整できる。

たとえば、画面の「再生」ボタンをクリックすると、設定したスクリプトの「鳴き声」が鳴る。

さらに、画面の上部にある「カット」アイコンをクリックすると、音の範囲を設定できる。

画面下部にあるタブにマウスを置くと、隠れていた「おと」の「追加機能」が表示される(この説明は6章で行なう)。

## 2-4　ステージ

次に、「ステージ」を見てみよう。
ステージは、プログラミングの結果を表示したり、ステージの背景を作成、設定できる画面である。

### ■ 画面サイズと座標

ステージ画面の大きさは、横xが480px(ピクセル)で、縦yが360pxとなっている。
1歩が1pxに相当するので、最大で「x方向へ480歩」「y方向へ380歩」移動できるサイズとなる。

　　※ピクセルとは、デジタル画像の最小単位のこと

ステージの座標は中央が原点(0,0)となり、ネコのスプライトの初期位置である。

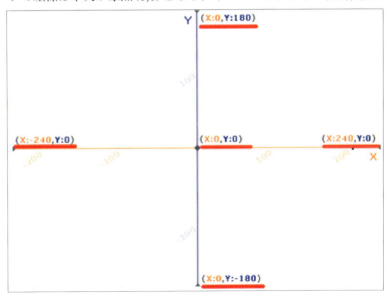

ステージの座標はこの原点を基準に、x方向が「-240px〜240px」(横480pxサイズ)、y方向が「-180px〜180px」(縦360pxサイズ)の範囲の座標となる。

この座標軸を基準に、キャラクターをどのくらい移動させるかなどを決めなければならない。

# 第2章　「Scratch」の画面を知ろう

## ■ 開始と中止

ステージの上に緑の旗と赤丸のアイコンがある。現在は何もプログラムが書かれていないので、押しても変わらない。

イベントなどのプログラムを作成後、実行する際やプログラムを止めたい場合などに使われる。

## ■ 画面操作

ステージの右上部に3つのアイコンがある。
これは、コードエリアを拡大したり、ステージの表示を広げたりといった画面操作をするためのものである。

ステージは、初期設定では真っ白な背景となっているが、自由に背景を設定したり、背景を切り替えたりすることもできる。

ステージ画面の右下部のタブにマウスを置くと、隠れていたステージの追加機能が表示される（詳しくは6章で説明）。

18

## 2-5　スプライトリスト

「Scratch」に登場するキャラクターを「**スプライト**」と呼ぶ。
スプライトは、最初は「ネコの画面」になっているが、自由に変更できる。

画面について説明しよう。

### ■ スプライト名

スプライト名は、初めは「スプライト1」となっているが、自由に変えることができる。
まずは「ネコ」に変えてみよう。

### ■ スプライトの表示・非表示

プログラムの実行結果次第では、ステージにあるネコのスプライトが邪魔になることがある。
この場合、スプライトを一時的に非表示にすることができる。

# 第2章 「Scratch」の画面を知ろう

## ■ スプライトの座標

スプライトのステージ座標を「スプライトリスト」で設定することができる。

当初のスプライトの座標は、x座標が「0」、y座標も「0」なので「原点」(中央)である。この座標の数値を変更すると、ステージのスプライトが指定された座標に移動する。

## ■ スプライトの「おおきさ」と「むき」

スプライトの「おおきさ」の数値を大きくすると、スプライトは拡大する。
逆に数値を少なくすると、スプライトは縮小する。

「むき」の数値にマウスでクリックすると次の画面が表示される。

　画面の矢印を円周に沿ってマウスで引っ張ると、画面のスプライトの向きが自動的にかわる。

20

## ■ スプライトの完全な削除

スプライトを非表示でなく、完全にステージ画面から削除するには、画面下部のネコの画面の中にある「×印」をクリックする。

このスプライトの削除方法は、一度削除すると作ったプログラムもステージ画像も戻すことができないため、使用には注意が必要である。

さらに、画面の右下部のタブにマウスを置くと、隠れていたスプライトの「追加機能」が表示される（説明は6章で行なう）。

# 2-6 「Scratch」の特徴と学び方

「Scratch」を効率的に学ぶためには、単にブロックを試行錯誤的に組み合わせるのではなく、「Scratch」の特徴を把握し、学ぶことが必要である。

まず、「Scratch」の全体像を図解し、その基本的な仕組みと特徴を見ておこう。

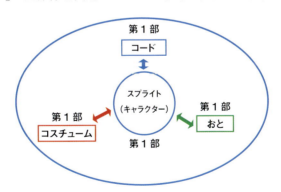

「Scratch」の大きな特徴は、キャラクター（正多角形など）を作成するために、「コード」「コスチューム」「おと」という3つの要素（3本柱）をもとに組み立てられている点である。

したがって、これらをどのように組み合わせ、構築するかが、「Scratch」を学ぶのに必要となる。
次章からは、3要素について順次詳しく説明していく。

# 第3章

# 「コード」の基本機能

「Scratch」の画面構成の仕組みと機能については、第2章で理解した。

次にスプライトを支えている3つの要素、「コード」「コスチューム」「おと」の基本機能を詳しく解説する。

本章では、「コード」の基本機能を説明する。

## 3-1　コードとブロックパレット

「Scratch」でプログラムを作る際に重要なのが、コードを選択する際に表示される「ブロックパレット」にあるブロックである。

それぞれの役割をもつプログラムが組み込まれた「ブロック」は、その役割に応じて9個にグループ化された「コードグループ」からなっている。

「コードグループ」は「ブロックパレット」画面の左側にある。
色ごとの円アイコンに分けられており、簡単にどのようなコードのブロックか分かるよう工夫されている。

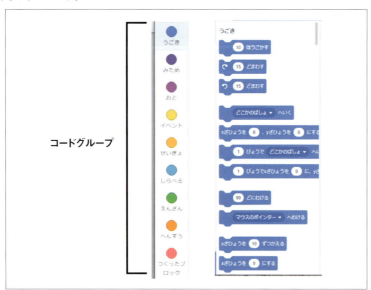

そして、この各「コードグループ」の役割に応じて、右側にスプライトの動きや背景などに命令を与えるプログラムの部品、すなわち「ブロック」がおかれている。

たとえば、「コードグループ」の「うごき」の項目を見てみよう。
「うごき」をクリックすると、「うごき」を支えるブロックが15個表示される。

「みため」の項目をクリックすると、それを支えるブロックが17個表示される。

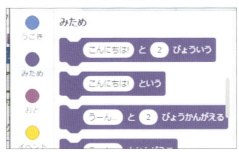

プログラムを作成する場合、コードグループから目的に応じた項目を選択し、必要なブロックを使うことになる。

## 3-2　ブロックの形状

ブロックを見ると、ブロックには、「ハットブロック」「スタックブロック」「真偽ブロック」「値ブロック」「C型ブロック」「キャップブロック」の全部で6種類の形状がある。

そして、ブロックの役割に応じて形状が異なる。それらを見てみよう。

### ■ ハットブロック

「ハットブロック」（Hat Block）は、プログラムを開始するためのブロックで、ハットブロックの下に組み合わされたブロックを実行する機能をもつ。

主に、イベントブロックや制御ブロックで使われる。

# 第3章 「コード」の基本機能

その形状は上部が丸い形で下部は凸の形状になっており、下部に他のブロックを結合させることができる。

## ■ スタックブロック

「スタックブロック」(Stack Block)は、それぞれの命令を実行するブロックで、いろいろなブロックと結合することができる。

これはブロックの中で最も多い。

スタックブロックの形状は**上部が凹**で**下部が凸**の形状をしており、スタックブロックの上下どちらにも別のブロックを結合させることができる。

## ■ 真偽ブロック

「**真偽ブロック**」(Boolean Block)は、**真**(True)または**偽**(False)のどちらかの状態を表すブロックになる。

真偽というのは、条件にあっている値が"正しければ"真(True)で、"間違っていれば"偽(False)と表現される。

真偽ブロックは、主に「**条件判断**」で利用されることが多い。

真偽ブロックの形状は、スタックブロックのような凹凸はなく、**六角形**の形状をしている。

24

[3-2] ブロックの形状

ブロックの上下に結合はできないが、「せいぎょ」項目にあるブロックの濃い茶色になった六角形の穴に、「えんざん」項目の「真偽ブロック」などをはめ込むことができる。

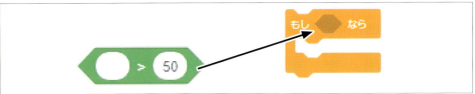

■ 値ブロック

「値ブロック」(Reporter Block)は、数値や文字列といった**何らかの値を維持する**ブロックである。

値ブロックの形状は**楕円形**の形状をしており、「スタックブロック」などの文字列や数値を入力する部分にはめ込むことができる。

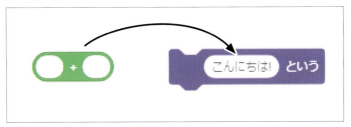

■ C型ブロック

「C型ブロック」(C Block)は、このブロックの中に他のブロックを入れて使うブロックになる。
アルファベットの「C」と同じような形をしていることからC型ブロックと呼ばれている。
また、「ラップブロック」と呼ばれることもある。

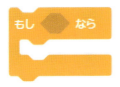

条件によって間に挟まれたブロックを**実行**させたり、指定した回数だけ**繰り返した**

# 第3章 「コード」の基本機能

りすることができるブロックで、「条件分岐」や「反復処理」(繰り返し処理)において利用される。

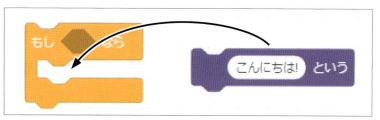

### ■ キャップブロック

「キャップブロック」(Cap Block)は、実行中の指定したプログラムを**停止**して、意図しない動作を予防したり、意図的に停止させるブロックである。

停止するプログラムはすべてを停止するのではなく、特定のプログラムのみを停止したり、プロジェクトすべてを停止するなどの指定もできる。

キャップブロックは、**上部に凹があり下部には結合部がない形状**をしており、上にしかブロックを結合させることができない。

## 3-3　プログラム作成①(逐次処理)

実際にプログラムを作るには、すでに説明した「**コードグループ**」とそれを支える「**ブロック**」を組み合わせる必要がある。

しかし、漠然と組み合わせてはうまくいかないし、非効率である。

この組み合わせのルールは、まずプログラムの**3つの基本的処理**を覚えることで、理解できる。

プログラムの基本的処理とは、「**逐次処理**」「**条件分岐処理**」「**反復処理**」の3つの処理である。

すべてのプログラムはこの3つの処理のもとに作られており、**3-2節**で説明したブロックもそのために作られている。

最初に「**逐次処理**」を見ていこう。

## [3-3] プログラム作成①（逐次処理）

逐次処理とは、記述した通りに処理を逐次(順番)実行する方法である。

処理1→処理2→処理3→処理4→・・・・

この逐次処理を入れたプログラムを作成しよう。

### [1] 横にスプライトを動かす

横にスプライトを動かすために、「コードグループ」から「うごき」を選択し、「10ほうごかす」ブロックをコードエリアにドラッグする

※ドラッグとは、マウスの左ボタンを押しながらマウスを引っ張り、指定の場所で離す操作のこと

ブロックをクリックして実行すると、ネコは10歩右に動く。

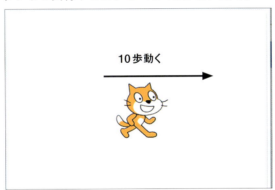

続いて、さらに10歩右に動かすには、同じブロックを追加ドラッグし、ブロック同士を結合させる。

# 第3章 「コード」の基本機能

　このように、横に「10ほ」分だけ連続的に動かすには、同じブロックを逐次追加して結合していく。

　「10ほ」を「50ほ」に変更したい場合は、キーボードで数値の「10」を「50」に変更する。
　もし、ドラッグしたブロックを消去したい場合は、作成したブロックをブロックパレットに戻すことで消去できる。

**[2] 回転を加える**
　横に動いた後、ネコが回転する複数の命令を持つプログラムを作る。
　まず、「15どまわす」ブロックをコードエリアにドラッグ後、「10ほうごかす」ブロックの下に追加結合する。

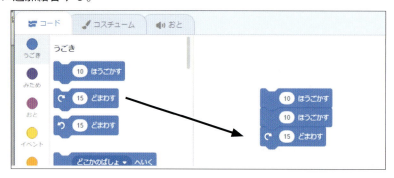

　実行すると、横に20歩動き、その後15度回転した結果が表示される。
　しかし、瞬時に実行されるので逐次動いたかはわからない。
　動きがわかるように「時間」ブロックを挿入、結合する。

　時間ブロックは、「せいぎょ」の「1びょうまつ」ブロックである。
　これを、次のようにコードエリアに2個、挿入する。

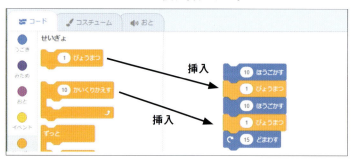

### [3] 実行

実行すると、まず10歩動いて1秒休み、さらに10歩動いて1秒休んだあと15度回る、という逐次処理が行なわれる。

このように、「Scratch」はブロックを結合していくことでプログラムを作ることができる。

## 3-4　プログラム作成②（条件分岐処理）

「条件分岐処理」とは、与えられた条件により処理の流れを規定する処理方法である。

たとえば、ネコが歩いていて、「はしにふれた」（端に触れた）という条件のもとで、1つの選択として「はねかえる」措置をとる場合である。

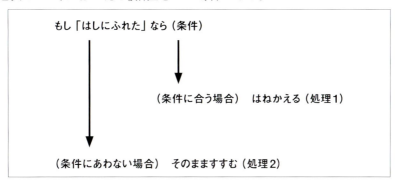

この条件分岐処理を入れたプログラムを作ろう。

### [1] 50歩ずつ250歩動く

50歩進み1秒休む、それを逐次5回実行するプログラムを作る。

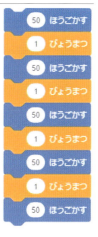

# 第3章 「コード」の基本機能

実行すると、ネコは「はし」にあたり、ネコの姿が半分消えてしまう。

ここで注意をすることは、ステージ画面の座標についてである。
前章の[2-4]で説明したようにステージ画面は座標で構成されており、スプライトがどこから出発するかが重要となる。
デフォルトの原点(0,0)から出発するならスプライトは消えるが、原点より「左側」(-100,0)から出発させた場合、スプライトが画面から消えないケースがある。
本書ではスプライトは原点から出発すると仮定して進める。

## [2] 条件分岐処理の導入

ネコが「もし"はし"にふれたなら」という条件で、「はねかえる」処理プログラムを[1]のプログラムに導入する。

コードグループの「せいぎょ」を選択後、「もし(　)なら」ブロックを、コードエリアにドラッグする。

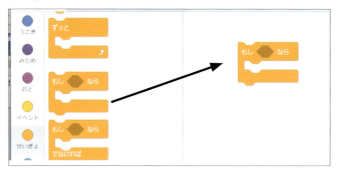

## [3] 条件の導入

続いて、条件を入れるため「しらべる」を選択。
「マウスのポインターにふれた」ブロックをコードエリアの「もし(　)なら」ブロックの六角形の個所に挿入する。

## [3-4] プログラム作成②(条件分岐処理)

プルダウンメニュー▼から、「マウスのポインターにふれた」を「はしにふれた」に変えておく。

### [4] 条件処理ブロックの導入

さらに、処理の提示として、「うごき」を選択後、「もしはしについたら、はねかえる」ブロックをコードエリアの選択ブロックの間に挿入する。

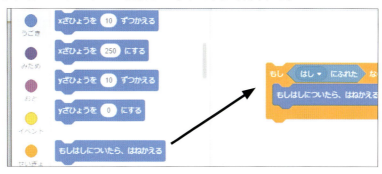

以上の選択条件を組み入れたブロックを、[3-4]の[1]の本体の最後に追加し、結合する。

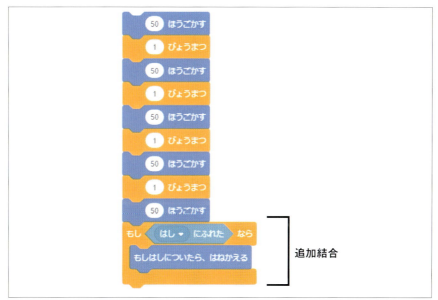

### [5] 実行

実行しよう。

31

条件に応じて、ネコは跳ね返る姿が表示される。

**[6] 他のブロック**
　このほかの条件分岐処理ブロックとして、条件が一致した場合と一致しなかった場合の条件処理を分けたい場合によく使われるものがある。
　いままでは、条件に応じた処理が一つであったが、条件に合わなかった場合の処理が詳しく設定できる。

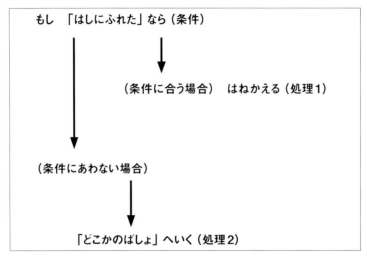

　この条件分岐処理のブロックは、コードグループから次のブロックをドラッグする。

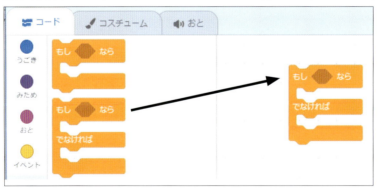

　次に、このブロックを組み込んだプログラムを見てみよう。

[3-5] プログラム作成③（反復処理）

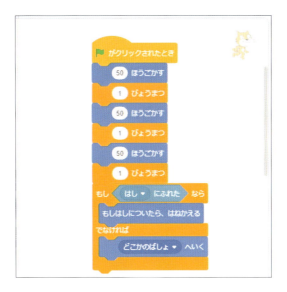

　この選択ブロックでは、「150歩動いたが、"はし"にネコがふれなかった」場合の条件（でなければ）に応じた処理として、「"どこかのばしょ"にネコを移動させる」処理が組み込まれている。

　もし条件が「250歩うごかす」になれば、条件にあい、「はし」に当たるので「はねかえる」ことになる。

## 3-5　プログラム作成③（反復処理）

　最後に、「**反復処理**」を見てみよう。
　反復処理とは、与えられた条件が成立する間は処理を繰り返し実行する処理方法で、「**繰り返し処理**」とも言う。
　たとえば、「50歩ずつ何回も"動く"」というプログラムを作成する場合、次のように反復処理図で表示できる。

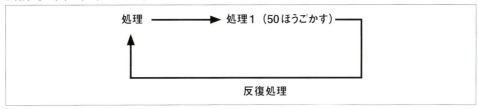

　この反復処理を入れたプログラムを作ってみよう。

　[3-4]の[1]のプログラムでは、50歩ずつ動く処理を繰り返している。
　同じ処理を繰り返す場合、「反復処理」を使うと効率的なプログラムを作ることができる。

33

# 第3章 「コード」の基本機能

### [1] 反復処理の導入

　ネコが同じ処理を繰り返すように、コードグループから「せいぎょ」を選択し、「10かいくりかえす」ブロックをコードエリアにドラッグする。

　ドラッグ後、数値を「5」に変更する。

### [2] 反復処理ブロックの導入

　続いて、「反復処理」するブロックの間に、「50ほうごかす」と「1びょうまつ」の2つのブロックを挿入する。

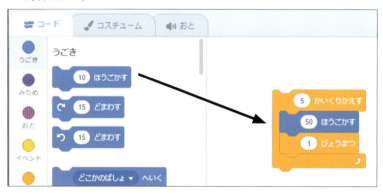

　この反復ブロックは、「50ほうごかす」ブロックを反復処理ブロック内に"挟む"ことで、5回繰り返す処理プログラムとなっている。

### [3] 完成プログラム

　この反復処理プログラムを[3-4]の[4]のブロックに追加結合する。

[3-6] 条件分岐処理と反復処理の統合

逐次処理では同じ処理を複数回書いてきたが、それを「"50ほうごかす"を5回繰り返す」という反復処理ブロックで書くことで、簡潔にプログラムを処理できる。

**[4] 実行**

実行してみよう。
結果は逐次処理とまったく同じ結果を得る。

もし反復回数を5回から30回に増やした場合、ネコは左右の「はし」に触れるたびに「はねかえる」ことになる。

## 3-6　条件分岐処理と反復処理の統合

反復処理は、条件分岐処理と一緒に用いることで高度なプログラムを作ることが多い。

上の図では「条件分岐処理」が「反復処理の中」に組み込まれている。
この仕組みを入れたプログラムを作ろう。

# 第3章 「コード」の基本機能

　まずはプログラムを見てみよう。
　反復処理ブロックが1回ごとネコを動かし、「はし」にふれなければ、条件分岐処理ブロックを無視し、2回目の動きをする。
　「はし」にふれるまで条件分岐処理は無視され続ける。
　「はし」にふれると、ようやく条件分岐処理が実施される。
　実行すると、横に5回繰り返し動き、「はし」にふれると「はねかえる」という同じ結果がでる。

　しかし、[3-5]と[3-6]は同じ結果が出るが、プログラムの内容は大きく異なっている。

　[3-5]では、反復ブロックと条件分岐ブロックが**別々になっている**ので、反復ブロックがすべて終了した後、初めて選択ブロックが処理される。
　それに対して、[3-6]のように反復処理ブロック内に条件分岐処理ブロックが**入っている**と、反復の途中でも条件に合えば、即条件分岐の処理が行われることになる。
　[3-6]のほうが合理的なプログラムとなる。

　このほかの反復処理ブロックとして、次の2つのブロックがある。

## ■ ①「ずっと」のケース

　5回繰り返すブロックの代わりに①の「ずっと」ブロックをコードエリアにドラッグし、使用してみよう。

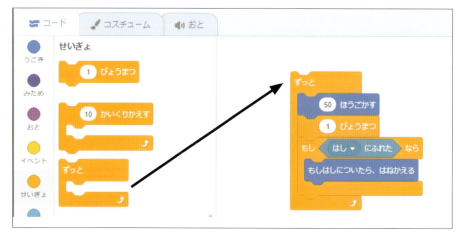

[3-6] 条件分岐処理と反復処理の統合

実行すると、ネコは無限に左右の「はし」で跳ね返り続けて止まらない。（各自検討）
止めるには、ステージの上部にある「赤丸」をクリックし、強制的にストップさせる。

プログラムでは、強制的に止めることは好ましくないので、次のプログラムを選択する。

## ■ ②「（　）までくりかえす」のケース

止めるための措置として、「せいぎょ」の「（　）までくりかえす」ブロックをコードエリアにドラッグする。
続いて、「しらべる」にある「**スペースキーがおされたら**」ブロックを「（　）までくりかえす」ブロックの「茶色の六角形」の穴に挿入する。

実行すると、①のケースと同じように動き続けるが、止める条件である「スペースキー」を押すと、動きを止めることができる。（各自検討）

# 第3章 「コード」の基本機能

## 3-7 プログラムファイルの保存

今まで作成したプログラムは電源を切ると消えてしまう。

電源を切る前にプログラムを保存しておくと、次からはこの保存したプログラムは呼び出して使うことができる。

その保存の手順を見てみよう。

**[1]** [3-6]で作成したプログラム画面のメニューバーにある「ファイル」をクリックし、表示される画面から「コンピュータにほぞんする」をクリックする。

**[2]** 「名前を付けて保存」画面では、プログラムの保存場所とファイル名を設定する。

① 保存場所を指定

② 作成したプログラムの名前を付ける

プログラムの保存場所は、最初の状態ではPCの「デスクトップ」が表示されている。

これを「ドキュメント」に変更する。

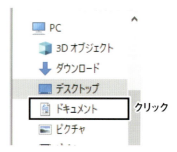

クリック

## [3-7] プログラムファイルの保存

画面の「ドキュメント」をクリックすると、自動的に保存場所は「ドキュメント」に変わる。

次に、作ったプログラムにファイル名を付けるため、分かりやすい名前をつける。
ここでは、

Sample01.sb3

とする。
ファイル名を「Sample01」として、続いて「.」(ドット)を付けた後、拡張子の「sb3」を付ける。
拡張子とは、**ファイルを識別するもの**で、どのアプリケーションで扱えるかを判別する。
たとえば、拡張子「.docx」はMicrosoft Officeのワードで、「.xlsx」はエクセルで扱うことができる。

今回は「Scratch 3.0」で作成したので拡張子は「.sb3」となる。

入力後、画面は次のようになる。

**[3]** 保存先とファイル名の入力後、「保存」を打つ。
ファイルが保存される。

**[4]** ファイルの保存を確認するため、デスクトップの「スタート」を右クリックし、「エクスプローラー」を選択する。

**39**

ドキュメント画面が表示されるので、そこにファイルが保存されているかを確認する。

ファイルの「Sample01.sb3」が保存されている。

## 3-8　プログラムファイルの読み込み

[3-7]のファイルの保存と、本節のファイルの読み込みは、毎回行なわれるのでコンビで覚えておく必要がある。

ファイルの読み込みの手順を見てみよう。

**[1]**「Scratch」を起動させ、メニューバーのファイルをクリック。
**[2]** 画面の「コンピュータからよみこむ」をクリック。

「ドキュメント」内のファイルが一覧で出るので、「Sample01.sb3」を選択する。

「Sample01.sb3」が呼び出される。

# 第4章

# 「コスチューム」と「おと」の基本機能

前章では、スプライトを作る3要素の「コード」の基本機能について解説した。
この章では、残る「コスチューム」と「おと」についての基本機能を見てみよう。

## 4-1　「コスチューム」の基本機能

「コスチューム」とは、スプライトの「デザイン」や「色」などの画像、すなわち「見た目」である。

この「コスチューム」のさまざまな基本機能を見ていく。

### ■ 基本機能①(「コスチューム1」画面の表示)

「ブロックパレット」の上部にある「コスチューム」タブをクリックする。

「ブロックパレット」画面が変わり、新たに「コスチューム・エディター」画面が表示される。

画面の中央にスプライトの「ネコ」が作られ、それを左横にある「ペイント・ツール」で加工していく。

さらに、画面上部には、スプライトの機能を表示するアイコンが並んでいる。

# 第4章　「コスチューム」と「おと」の基本機能

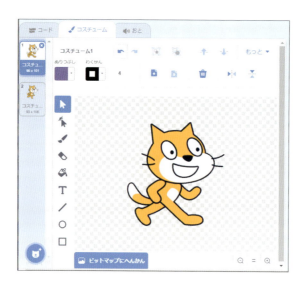

　画面の左端には、「ネコ」のキャラクターの「コスチューム1」と「コスチューム2」の2つの切り替え画面がある。

## ■ 基本機能②（キャラクターの色の変更）

「ネコ」のキャラクターの色を変えよう。

### [1]「ぬりつぶし」を選択

　画面の左側にある「ペイントツール」の「ぬりつぶし」をクリックして、選択する。

### [2] 画面左上部の「ぬりつぶし」の選択

　「ぬりつぶし」の色を変えるため、画面左上部にある「ぬりつぶし」のプルダウンメニューアイコン「▼」をクリックする。
　すると、「いろ」「あざやかさ」「あかるさ」を設定する画面が表示される。

[4-1] 「コスチューム」の基本機能

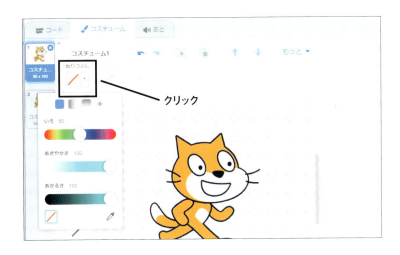

[3] 色の調整

　色の調整例として、今回は「あざやかなみどり」を使いたいので、「いろ」を"30"、「あざやかさ」を"100"に設定する。
　そして、塗りつぶしたい場所（顔）にマウスを移動させると、自動的に色があざやかな「みどり」に変わる。

　塗りつぶすため、マウスをクリックする。

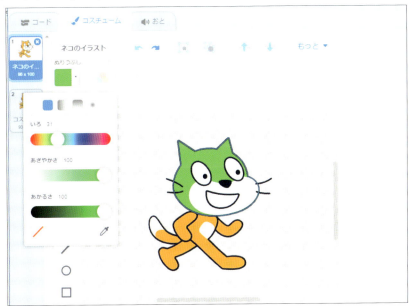

　ネコの顔があざやかな「みどり」に変わると同時に、ステージ画面のネコの顔もあざやかな「みどり」に変わる。

# 第4章 「コスチューム」と「おと」の基本機能

## ■ 基本機能③(枠線の色付け)

次に、キャラクターの枠線に色を付けよう。

**[1]**「ペイント・ツール」から「せんたく」をクリックする。

**[2]**「わくせん」で変えたい部分をマウスで囲む。

**[3]**「わくせん」の「プルダウンメニュー」のアイコン「▼」をクリックする。
ネコの枠線の色を「赤」にするための数値を設定する。

バーを動かし、「いろ」を"93"、「あざやかさ」と「あかるさ」を"100"にする。

[4-1]「コスチューム」の基本機能

設定後、マウスでクリックすると、「ネコ」の枠線の色が「赤」に変わる。

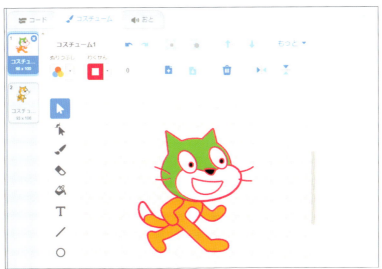

# 第4章 「コスチューム」と「おと」の基本機能

## ■ 基本機能④（複写）

スプライトの「複写」をしよう。

複写する範囲をマウスで囲った後、画面上部の「**コピー**」をクリックする。
その後、「**はりつけ**」をクリックする。

画面に同じスプライトが複写される。

## ■ 基本機能⑤（削除）

今、複写したスプライトを削除しよう。
削除には、3つの方法がある。

①「もどる」をクリックする方法

画面上部にある「もどる」アイコンをクリックする。

46

作業が一段階戻り、複写前の状態に戻る。

②「ゴミ箱」で表示されている「さくじょ」をクリックする方法
「ゴミ箱」の形の「さくじょ」アイコンをクリックする。
「複写元」が消えると同時に、「複写」も画面から消える。

削除したい個所を選択してから「ゴミ箱」をクリックすると、選択した範囲だけ削除できる。

③「けしごむ」を使う方法
「ペイント・ツール」の「けしごむ」アイコンをクリックする。

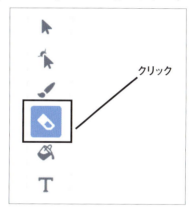

画面に「白い丸」が出るので、これを消したいところで引っ張ると、その部分が削除される。
複写の一部や、図が重ならない部分を消すのに向いている。

「一部分を消す場合」「直前に書いたものを削除したい場合」「すべてを削除したい場合」など、用途に応じて、3つの方法のいずれかを選択する。

# 第4章 「コスチューム」と「おと」の基本機能

## ■ 基本機能⑥(左右反転)

「ネコ」のスプライトは、最初は「右向き」であるが、これを「左向き」に変えることができる。

画面から「**さゆうはんてん**」アイコンをクリックする。

画面は、次のように変わる。

ここで、「ネコ」の動きを見るため、コードに戻り、「10ほうごかす」ブロックをクリックしてみよう。

画面上では、「ネコ」がバックして歩くようになる。

絵は逆になったが、動きは変わらないことに注意が必要である。

## ■ 基本機能⑦(図の角度の変更)

スプライトの角度も変更できる。

角度をつけたい図をマウスで範囲指定して、範囲個所の**下部にあるアイコ
ン**をドラッグし、動かす。

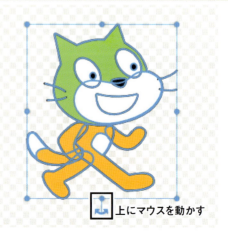

上にマウスを動かす

[4-1] 「コスチューム」の基本機能

画面の「ネコ」は次のように上に傾いて表示される。

■ 基本機能⑧（テキストで日本語入力）

「Scratch 2.0」では「日本語」のテキスト入力ができなかったが、「Scratch 3.0」ではできるようになった。

「ペイント・ツール」の「テキスト」をクリック後、画面のどこかをクリックし、キーボードで「ネコのイラスト」と書こう。

縦書きにしたい場合は、文字を1語1語改行して書く。

さらに、画面上部の「Sans Serif」のプルダウンメニュー（「▲」）のアイコンをクリックすることで、「文字フォント」を変更したり、「中文の入力」ができる。

# 第4章 「コスチューム」と「おと」の基本機能

画面から表示したい「フォント」や「外国語」を選択する。

その他の「コスチューム・エディター」の機能として、「グループ化」「グループ解除」「形を変える」機能などいろいろがあるが、使用する際に説明する。

## ■ 画面の切り替え

今までは、「コスチューム1」の画面を見てきた。
「ネコ」の「コスチューム」の切り替え図は「コスチューム1」と「コスチューム2」の2つ用意されている。

画面左側にある「コスチューム2」画面をクリックする。

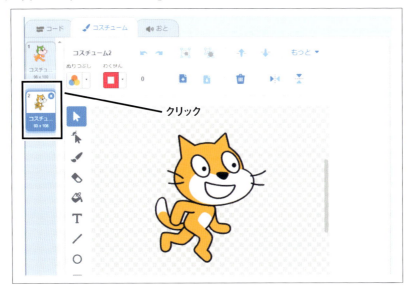

50

【4-2】 スプライトの保存・読み込み

「コスチューム1」と「コスチューム2」の違いは、「足」の形を見ると分かる。
少しの違いであるが、これを連続的に繰り返し表示すると、走るイラスト図ができる。

ここには2枚しか画像がないが、追加することができ、より精細なアニメーションも表示できる(画像の追加については6章で行なう)。

## 4-2 スプライトの保存・読み込み

「Scratch 3.0」と「Scratch 2.0」では、「・」で作る画像の保存方法に違いがある。
保存には「**プログラムファイルの保存**」と「**スプライトのみの画像の保存**」がある。
「プログラムファイルの保存」の場合は「Scratch 2.0」と変わらず、すでに[3-7]、[3-8]で説明ずみである。

```
保存 ┬ プログラムファイルの保存 (拡張子はsb3)
     └ スプライトのみの保存 (拡張子はsprite3)
```

「スプライトのみの画像の保存」の場合、「Scratch 2.0」では、画面左側にある「コスチューム1」画面を右クリックし、「ローカルファイル保存」を選択すれば、保存が簡単にできた。

ところが、「Scratch 3.0」では、この保存方法は削除され、スプライトリスト画面で行なうことになった。

ここで、「スプライトのみの保存」の仕方を見てみよう。

[1] スプライト画面左側の「スプライト1」のアイコン画面をクリックし、出てきた画面から「書き出し」をクリックする。

# 第4章 「コスチューム」と「おと」の基本機能

**[2]** 保存場所を「ドキュメント」に指定し、ファイル名を「cat01.sprite3」とする。
拡張子は「sprite3」とする。

※「プログラムファイルの保存」では拡張子は「sb3」である点に注意が必要である。

「保存」をクリックする。

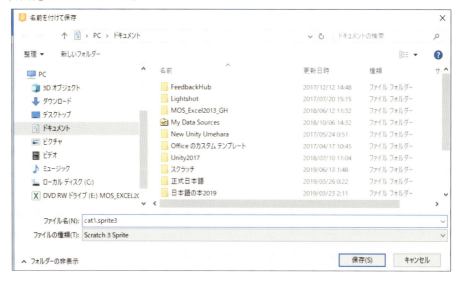

**[3]** 保存ができたので、スプライトの読み込みをしよう。

スプライト画面の右下の「スプライトを選ぶ」タブにマウスを置き、リストのいちばん上の「スプライトのアップロード」をクリックする。

52

**[4]** 保存したフォルダを開き、ファイル「cat01.sprite3」を選択後、「開く」をクリックする。

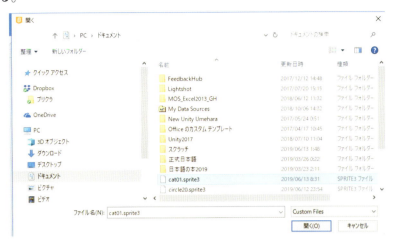

保存したスプライトの画像が表示される。

## 4-3　「おと」の基本機能

残る「おと」の基本機能をみておこう。

### ■ 基本機能①(「おと」の設定画面の表示)

「おと」タブをクリックすると、スプライトの音の設定画面が表示される。

　画面の「左端」にある「さいせい」タブをクリックすると、「ネコの鳴き声」が流れる。
　鳴き声は、「はやさ」「エコー」「おおきさ」などの指定をすることで変えることができる。
　実際に、各自で試してみよう。

# 第4章　「コスチューム」と「おと」の基本機能

## ■ 基本機能②（カット）

「おと」画面の上部にある「カット」をクリックすると、「おと」の必要な部分のみを鳴らすことができる。

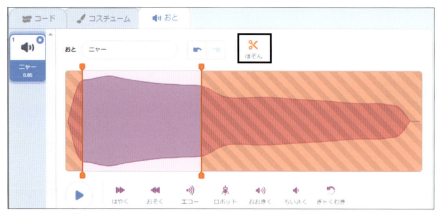

「カット」後は「ほぞん」をクリックする。

> ※「おと」の操作画面は、「オフラインエディター」画面と「オンラインエディター」画面では異なることに注意が必要である。

## ■ 基本機能③

コードグループの「おと」を選択し、ブロックパレットの「（ニャー）のおとをならす」ブロックをコードエリアにドラッグする。

ブロックをクリックすると、「ネコ」の鳴き声が出る。

54

# 第5章

## 四則演算をしよう

「Scratch」の画面構成やその役割について、理解ができた。

そこで、計算の基本である「四則演算」を「Scratch」で解いてみよう。

四則演算を「Scratch」で解くことにより、「Scratch」の基本的な使い方や、仕組みをより深く理解できる。

### 5-1　四則演算①（値ブロックのみでの演算）

次の「足し算」「引き算」「掛け算」「割り算」の四則演算を、「Scratch」の「値」ブロックのみで計算してみる。

10＋5＝
10－5＝
10×5＝
10÷5＝

#### ■足し算

まず、最初は「足し算」を計算しよう。

[1]「Scratch」を起動させ、初期画面を表示

[2]「ブロック・パレット」の「コード・グループ」から「えんざん」をクリック

# 第5章 四則演算をしよう

**[3]**「えんざん」のいちばん上の「足し算」ブロックをコードエリアにドラッグ

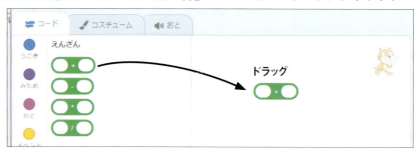

**[4]** 数値の入力

ブロックの「左の白丸」をクリック後、数値"10"をキーボードで入力する。
続いて、「右の白丸」をクリック後、数値を"5"と入力する。

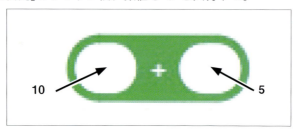

**[5]** 数値の入力後、計算結果を出すため、「足し算」ブロックを右クリック

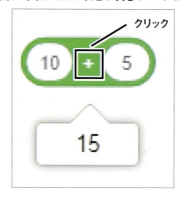

すると、瞬時に答である「15」という数値が表示される。

簡易的に、計算値を知りたい場合など、この計算方法を使う。

※数値は**半角数字**で打つこと。全角数字では答は表示されない。
「半角」と「全角」は間違えやすいので、注意する。

[5-1] 四則演算①（値ブロックのみでの演算）

## ■ 引き算

次に、「引き算」を計算しよう。
[1]と[2]は「足し算」のときと同じである。

### [1]「えんざん」の「引き算」ブロックを「コードエリア」にドラッグ

### [2] 数値の入力

ブロックの「左の白丸」をクリックで選択後、数値 "10" を入力する。

続いて、「右の白丸」を選択して、数値 "5" と入力する。

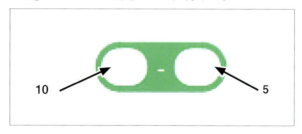

### [3] 数値の入力後、計算結果を出すため「引き算」ブロックを「右クリック」

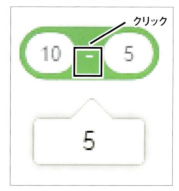

計算結果である "5" が表示される。

# 第5章 四則演算をしよう

## ■ 掛け算

次に、「掛け算」をしよう。
「掛け算」は「*」で表現している。

**[1]「えんざん」の「掛け算」ブロックをコードエリアにドラッグ**

**[2] 数値の入力**

ブロックの「左の白丸」をクリック後、数値"10"を入力する。

続いて、「右の白丸」をクリック後、数値"5"を入力する。

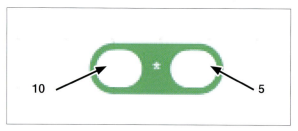

**[3] 数値の入力後、計算結果を出すため、「掛け算」ブロックを「右クリック」**

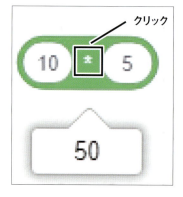

計算結果の"50"が表示される。

[5-1] 四則演算①(値ブロックのみでの演算)

## ■ 割り算

最後に、「割り算」をしよう。

「割り算」は「÷」ではなく、「分数」で表現している。

### [1]「えんざん」の「割り算」ブロックをコードエリアにドラッグ

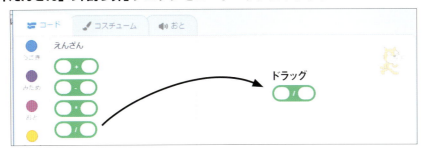

### [2] 数値の入力

ブロックの「左の白丸」をクリック後、数値"10"を入力する。

続いて、「右の白丸」をクリック後、数値"5"を入力する。

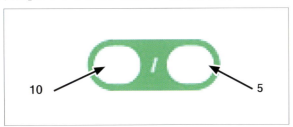

### [3] 数値の入力後、計算結果を出すため「割り算」ブロックを、「右クリック」

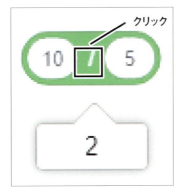

計算結果である"2"が表示される。

このように、「値」ブロックに数字を入れるだけで、簡単に計算ができる。

59

# 第5章 四則演算をしよう

## ■ 四則演算の応用

今までで学んだ四則演算を応用して、もう少し複雑な計算をしてみよう。

次のカッコ付きの計算をしてみる。

(2＋3)×4＝

### [1]カッコ内の「足し算ブロック」を作る
式ではカッコ内の計算が優先されるので、まずは「足し算」部分を作る。

「足し算の値ブロック」を「コードエリア」にドラッグし、「2+3」のブロックを作る。

### [2]「掛け算ブロック」を作り、数値を入れる
続いて、「掛け算ブロック」を「コードエリア」にドラッグして、「右の白丸」に数値"4"を入れる

### [3]「足し算ブロック」を「掛け算ブロック」の中に挿入する
「掛け算ブロック」「左の白丸」の中に、[1]で作った「足し算の値ブロック」をドラッグし、挿入する。

すると、「値ブロック」の中に「値ブロック」が代入される。

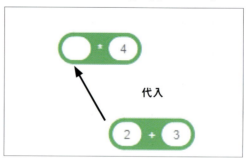

「値ブロック」を「右クリック」すると、「2+3」の計算が優先され、この足し算の答に"5"が掛けられ、計算結果である"20"が出る。

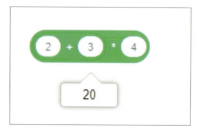

さらに、練習として、各自、次の計算をしてみよう。

2 × (2+(4 ÷ 2))=

## 5-2　四則演算②(実数値を使用した演算)

　単純な計算方法ができたので、次にブロックを組み合わせてプログラムを作り、計算しよう。

　「プログラムを使った計算」には2つの方法があり、ひとつは「**実数値を使う方法**」で、もうひとつは「**変数を使う方法**」である。

　最初は、「実数値を使う計算方法」を見ていこう。

[1] コードグループの「みため」を選択。

[2] 表示される「(こんにちは)という」ブロックをコードエリアにドラッグ。

　このブロックは、ステージ画面にプログラムの結果などを表示する際によく使う。

[3] コードグループの「えんざん」を選択。

[4] 「足し算」ブロックを作る。
　　「足し算」ブロックを「コードエリア」にドラッグして、計算する数値を入れる。
　　今回は「10+5」と入れる。

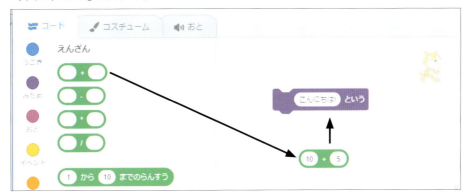

# 第5章 四則演算をしよう

**[5]**「足し算」ブロックを「(こんにちは)という」ブロックに挿入。

**[6]** 出来上がったブロックをマウスでクリックし、計算結果を表示。

計算結果が、「ステージ画面」にある「ネコ」の口から「15」と表示される。

同じように、「引き算」「掛け算」「割り算」でも試して、結果を表示しよう。

## [5-2] 四則演算②（実数値を使用した演算）

### ■ 四則演算をまとめてしよう

　プログラムで計算する利点は、今まで別々に行なってきた四則演算の計算をまとめてできることである。

＊

次のプログラムを作ってみよう。

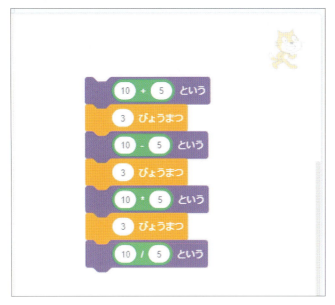

　このプログラムは、4つの計算ブロックを結合させたものである。

　「コードグループ」の「せいぎょ」を選択後、「3秒待つ」ブロックを間に入れたのは、「計算結果をステージ画面に長く表示させる**ための措置**」で、今後よく使うことになる。数値を変えることで、表示時間を変更できる。

＊

それでは実行しよう。

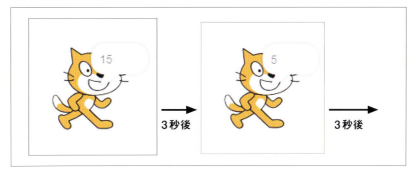

　3秒おきに、それぞれの計算結果が表示される。

63

# 第5章 四則演算をしよう

## 5-3　四則演算③（変数使用）

今まで、計算式に実際の数値を与えて計算をしてきた。

これでは、「数値を変更」する場合、プログラムの中の数値をすべて直さなければならない。

**[5-2]の最後**で使われているプログラムの場合、4か所のブロックの数値を直すことになる。

計算ごとにコードの中の数値をすべて変えるのでは非効率で、かつミスが起こりやすい。これを避けるために使われるのが、「**変数**」を用いた**計算方法**である。

### ■ 変数とは

プログラムでは、具体的な数値を直接扱うことはせず、**変数**を使ってデータを処理している。

たとえば、変数「A」に"10"、変数「B」に"5"を指定し、両変数を足した「こたえ」を求めるとしよう。

※変数の名前は英語でも日本語でもかまわない。

```
A=10
B=5
こたえ = A + B
     =15
```

コンピュータでは、変数は数値を入れる「箱」とみなし、ここでは変数「A」という箱に「10」を代入している」と解釈する。

同じように、**変数「B」**という「箱」には、「5」を代入している。

**変数「こたえ」**の「箱」には、変数「A」の値と変数「B」の値を合計した値を代入している。

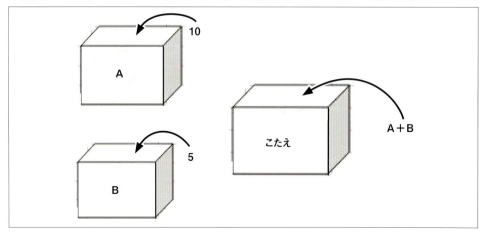

64

[5-3]　四則演算③（変数使用）

このように、「変数」を使えば計算式の「数値」を固定せず、自由に変更できる。

この「変数」を使って、「四則演算」をしてみよう。

## ■ 足し算

「Scratch」で「変数」を使う場合、「変数定義」（箱を作る設定）をしなければならない。
最初に、「変数定義」の仕方を見ておこう。

●変数「A」
　計算で使う変数「A」の定義をしよう。

[1]「ブロックパレット」の「コードグループ」から「へんすう」を選択し、「へんすうをつくる」をクリック

[2] 変数「A」の定義
　「あたらしいへんすうめい」を聞かれるので、「A」と入力する。
　続いて、「すべてのスプライトよう」を選択し、OKをクリックする。

65

# 第5章　四則演算をしよう

画面は次のようになる。

変数名「A」が、「ブロックパレット」と「ステージ」に表示される。
変数「A」の前のチェックを外すと、「ステージ画面」に表示されていた変数を隠すことができる。

### [3] 変数「A」に数値を入力

変数「A」に数値を入力するため、「Aを0にする」ブロックを「コードエリア」にドラッグし、ブロックの"0"の数値を"10"に変更する。

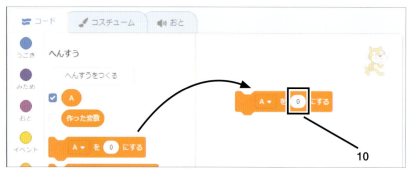

次に、同じような手続きで、変数「B」の定義をしよう。

66

[5-3] 四則演算③(変数使用)

●変数「B」
[1]「ブロックパレット」の「コードグループ」から「へんすう」を選択し、画面から「へんすうをつくる」をクリック

[2]変数「B」の定義

「あたらしいへんすうめい」と聞かれるので、「B」と入力する。
「すべてのスプライト用」を選択して、「OK」をクリック。

画面は次のようになる。

変数「A」に加えて、変数「B」が「ブロックパレット」と「ステージ」に表示される。

[3]変数「B」に数値を入力

ブロックの「Aを0にする」ブロックを「コードエリア」にドラッグする。

ブロックの「A」をクリックし、「プルダウンメニュー」から「B」に変える。
数値"0"を"5"に変更する。

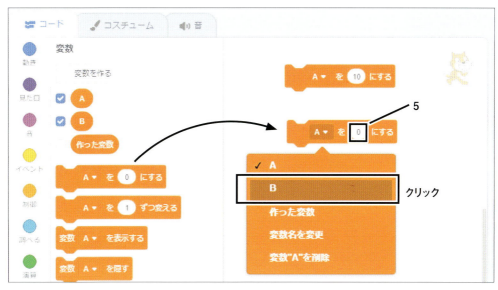

67

# 第5章　四則演算をしよう

● 変数「こたえ」

計算の「こたえ」を示す変数を作る。

**[1]**「ブロックパレット」の「コードグループ」から「へんすう」を選択し、「画面」から「へんすうをつくる」をクリック。

**[2]**「あたらしいへんすうめい」と聞かれるので、「こたえ」と入力後、OKをクリック。

変数名「こたえ」が「ブロックパレット」と「ステージ」に表示される。

**[3]** 変数「こたえ」をコードエリアにドラッグ。

続けて、変数「こたえ」に数値を入れるため、「Aを0にする」ブロックをコードエリアにドラッグする。

ブロックの「A」を「プルダウンメニュー」▽から「こたえ」に変える。

[5-3] 四則演算③（変数使用）

　変数の「A」の「プルダウンメニュー」から、表示される画面の「こたえ」をクリックする。

　各ブロックを結合させると、画面は次のようになる。

● 計算式の作成

　「A」「B」「こたえ」の変数定義が完了したので、最後に計算式を作る。

[1]足し算の計算式のブロックを「えんざん」から、コードエリアにドラッグ。

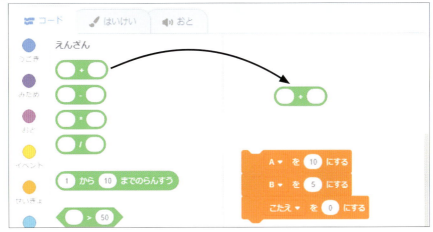

69

# 第5章 四則演算をしよう

**[2]**「へんすう」に戻り、式の「左の白丸」に変数「A」を、「右の白丸」に変数「B」をドラッグする

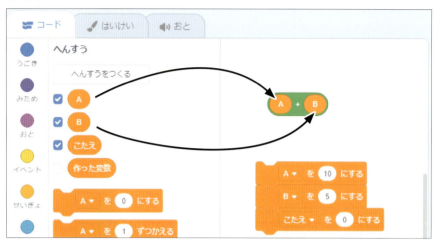

**[3]** 最後に、この計算式を「こたえをを0にする」ブロックの "0" の部分にドラッグ。

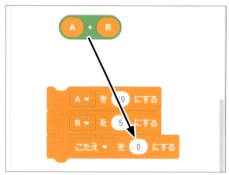

画面は次のようになる。

## [5-3] 四則演算③（変数使用）

　ブロックをクリックすると、「ステージ画面」に「A」と「B」を足した「こたえ」として、"15"が表示される。

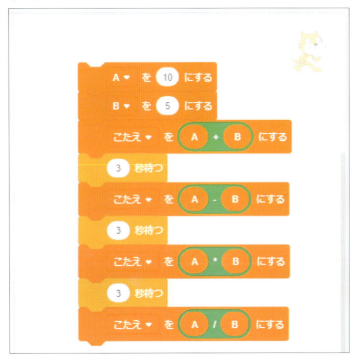

　同じような方法で、「引き算」「掛け算」「割り算」のプログラムを各自作ろう。

　「四則演算」をすべて取り入れたプログラムは、次のようになる。

　実行すると、ステージ画面の「こたえ」に3秒おきに計算結果が表示される。

　このように変数を使うと、数値を変更する場合、プログラムの中の1行と2行にあるブロックの変数の数値を変えるだけ済むので、効率的である。

71

# 第5章　四則演算をしよう

### ●「実行」ブロックを作る

今までプログラムを実行する際には、「ブロック」を直接クリックしてきた。

ここでは「実行」を専門にする「ブロック」を作ろう。

### [1]イベントブロック

「計算」という「イベント」を行なうので、「コードグループ」の「イベント」を選択する。
　画面から、「緑の旗がクリックされたとき」ブロックを「コードエリア」にある「ブロック」の先頭にドラッグする。このブロックをクリックすると「実行」ができる。

### [2]ブロックをクリックして実行

「緑の旗がクリックされたとき」ブロックをクリックし、実行する。

計算の答が「ステージ画面」の変数「こたえ」に "15" と表示される。

### ●計算式の表示

このままでは、ステージ画面には「こたえ」のみしか表示されない。
「ステージ画面」に「計算式」を表示させよう。

＊

### [1]「みため」から「(こんにちは)という」ブロックをドラッグ

「コードグループ」から「みため」を選択し、「(こんにちは)という」ブロックを選択し、「コードエリア」にドラッグする。

72

[5-3] 四則演算③(変数使用)

### [2]「えんざん」から「(りんご)と(バナナ)」ブロックを3つドラッグ

続いて「えんざん」を選択し、「りんごとバナナ」ブロックを3個、「コードエリア」にドラッグする。

### [3]ブロックに計算式を挿入する

続いて、下図の①〜③の手順で、ブロックの「白丸」に、それぞれ「A」「+」「B」「=?」と計算式を入力し、最後に、「こんにちは！」の白丸に挿入する。

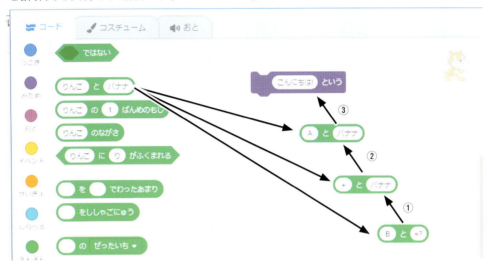

### [4]各「計算ブロック」を本体に挿入する。

[3]で完成したブロックを、各「こたえ」のブロックの前に4個挿入する。

その際に、[3]の②にある「+」の部分は、適宜「−」「*」「/」に変更する。

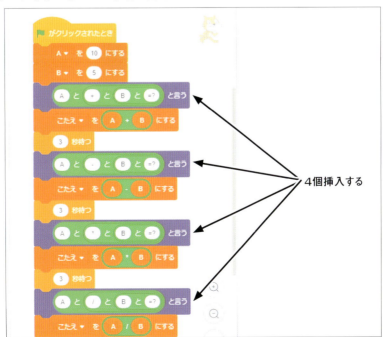

# 第5章 四則演算をしよう

実行してみよう。

3秒おきに、計算式が「ネコ」から表示され、計算結果が「こたえ」に出る。

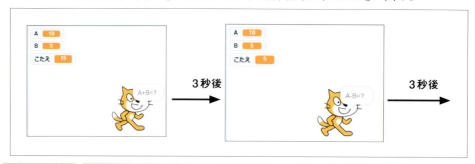

## 5-4　初期化の措置

変数を使って計算をする場合、特に注意が必要なのが、「**変数の初期化**」である。

計算を始める際には、必ず「変数の初期化」（変数の値を初期状態に戻すこと）をしなければならない。

初期化には2つの方法がある。
1つは、(a)「**手操作で簡易的にする方法**」であり、もう一つは(b)「**プログラムで行なう方法**」である。順次見ていこう。

### (a) 簡易的な初期化の方法

計算をしていると、前に使った変数値や答えが残っているケースがあり、思わぬ計算ミスが生じることがある。

これらを消去するには、「ブロックパレット」画面の「Aを0にする」ブロックを直接クリックする。

瞬時に、「ステージ画面」のAの数値が「0」になる。

[5-4] 初期化の措置

　続いて、「プルダウンメニュー」から「A」を「B」に変え、「Bを0にする」ブロックをクリックすると、「ステージ画面」のBの数値が「0」となる。
　同じように、「(こたえ)を0にする」ブロックをクリックすると、ステージ画面の「こたえ」の数値が「0」となる。

　これで画面のすべての変数値が「0」となり、手動での簡易的な初期化ができた。

## (b) プログラムによる初期化

　「プログラムによる初期化」とは、先ほど手動で行なった3回の操作をプログラムに組み込むことである。

　そのため、「(A)を0にする」ブロックを3個、「コードエリア」にドラッグする。

　下2つのブロックの変数「A」の部分を、「B」と「こたえ」に変更し、それぞれ「緑の旗」の「実行ブロック」の下に挿入する。

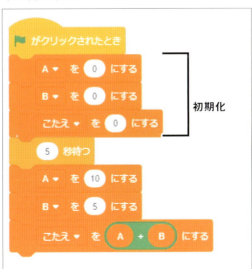

　実行すると、「A」「B」「こたえ」すべての変数値が「0」に初期化され、その5秒後に計算が行なわれる。

75

# 第5章 四則演算をしよう

## 5-5　その他の計算（累乗計算）

「四則演算」以外によく用いる計算として「累乗計算」がある。

たとえば、「2の5乗」を計算してみよう。

$2^5 =$

「2の5乗」とは、「2を5回掛ける」ことなので、次のように表わせる。

$2 \times 2 \times 2 \times 2 \times 2 =$

この計算を「Scratch」でしてみよう。
計算方法には3つある。
①単純に「2を5回順番に掛けていく単純な計算方法」、②「せいぎょ」ブロックを使う方法」、さらには、より専門的な③「log関数を使う方法」がある。

ここでは前者の2つを紹介しよう。

### ① 単純な計算方法

「累乗計算」は単純に「2を5回順番に掛けていく」ことで求めることができる。
そこで、「えんざん」ブロックの「かけざん」ブロックを4個、コードエリアにドラッグする。

計算手順は、次の図の通りである。

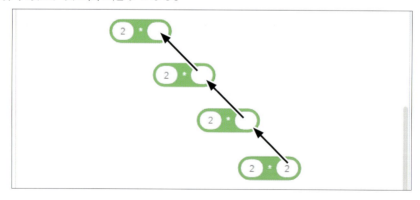

まず、いちばん下「の掛け算ブロック」に2回ぶんの「2の掛け算」をさせる。

次に、「2回ぶんの掛け算をした」ブロックを別の「かけざん」ブロックの**右側**に入れる。
ここで、3回目の「2の掛け算」が行なわれる。

## [5-5] その他の計算(累乗計算)

　さらにそのブロックをその上の「掛け算ブロック」に入れることで4回目の「2の掛け算」が行なわれる。
　この答えその上の「掛け算ブロック」の右側に入れる。
　ここで、5回目の2の掛け算が行なわれる。

＊

　まとめると、次のようになる。

　ブロックをクリックして実行すると、"32"という計算結果が出る。
　累乗計算の値ブロックが出来たので、これを組み込みこんだプログラムを作ろう。

**[1]** まず、「緑の旗がクリックされたとき」ブロックと「(こんにちは)という」ブロックを「コードエリア」にドラックし、結合する。

**[2]** 続いて、作成ずみの値ブロックを「(こんにちは)という」ブロックに挿入する。

**[3]** 実行すると、計算結果がネコの口から表示される。

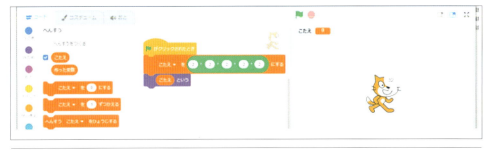

### ■「せいぎょ」ブロックによる計算

　今回の例題では「5乗」だが、累乗が大きくなればなるほど、この方法では大変である。

　プログラミングでは、同じ動きを繰り返す場合は、4章で説明した「**反復処理**」の「**〜かいくりかえす**」ブロックを使うほうが一般的である。

＊

　繰り返しを使うときには、まず、計算結果を保存するために変数「こたえ」を作る。これはすでに作ってある。

＊

　累乗計算では、掛ける元の数(基数)と、掛ける回数(指数)を指定することで、累乗プログラムを次のように作成できる。

77

# 第5章　四則演算をしよう

上から2つ目と4つ目のブロックに入力した「2」は、「**基数**」である。

その下の「せいぎょ」ブロックの「4」の部分は「**指数から"1"を引いた値**」(5-1=4)である。

実行すると、計算結果がステージ画面の「こたえ」の個所と「ネコ」の口から表示される。

# 第2部
# 「Scratch」の活用事例

第1部では、「Scratch」の基本的機能の紹介と活用を見てきた。
第2部では、「拡張」と「追加機能」を学び、「Scratch」の応用知識を習得する。

この応用知識を活用して、実際に授業に役立つプログラムを作ってみよう。

# 第6章

## 重要な拡張・追加機能

　第Ⅰ部では、「Scratch」の基本的な仕組みや機能を説明してきた。
　しかし、「Scratch」をさまざまな応用分野でさらに活用するには、「Scratch」の拡張機能や追加機能などの習得が必要不可欠である。

　第Ⅱ部では、まずこれらの機能を習得し、そのもとで実際授業に役立つプログラムを作成してみよう。

## 6-1　拡張・追加機能の種類と画面

　「Scratch」の重要な拡張機能や追加機能は、次の5種類に分けられるが、初期画面では隠されている。

①「ブロックパレット」への拡張機能（ペンなど11個の機能）
②スプライトへの追加機能（新たなスプライトの作成機能など）
③ステージへの追加機能（背景などの設定機能など）
④コスチュームへの追加機能（スプライトのコスチューム作成機能など）
⑤「音」への追加機能（スプライトに適した音の録音機能など）

　これらの拡張・追加機能は、下図で示す場所にある。

④のコスチュームへの追加機能と⑤の「音」への追加機能は、「コード」タブ上にはなく、それぞれ「コスチューム」タブと「音」タブにある。

## 6-2　「ブロックパレット」の拡張機能

「コードグループ」は、今まで9個のグループが表示されてきた。
このグループに拡張機能を追加しよう。

### ■ 拡張機能の表示

「ブロックパレット」画面の左下に、「拡張機能の追加」タブがある。

ここにマウスを置くと「拡張機能を追加」と表示が出るので、クリックする。

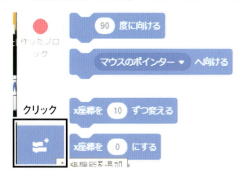

# 第6章 重要な拡張・追加機能

次のような画面が出る。

「音楽」「ペン」など11個の拡張機能が表示される。

## ■ 拡張機能の追加

例として、拡張機能の1つである「**ペン**」をクリックしよう。

画面のコードグループに「ペン」が追加され、このペンを操作するためのブロックが9個表示される。

## ■ ペン機能の使い方

ペン機能で線をひいてみよう。

### [1] 作図の準備
まず、「ペンを下す」ブロックをコードエリアにドラッグして、作図の準備をする。

### [2] ペンの動きを選択
「動き」を選択後、「10歩動かす」ブロックをコードエリアにドラッグし、結合させる。

初期値の10歩では動きが少ないので、数値を"100"に変える。

実行するための「緑の旗がクリックされたとき」ブロックもコードエリアにドラッグしてつなげておく。

### [3] 実行
「緑の旗がクリックされたとき」ブロックをクリックして実行すると、スプライトのネコが横線を引いた図が表示される。

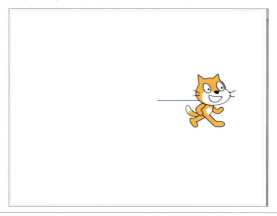

スプライトのネコを"非表示"にすれば横線のみが表示される。
このペンのさらに詳しい使い方は、7章で行なう。

## 6-3　スプライトの追加機能

初期状態のスプライトはネコ1匹のみであったが、「**スプライトの追加機能**」を利用すれば、他のスプライトを読み込んだり、自作することができる。

### ■ スプライトの読み込み

すでに作成ずみのスプライトが提供されているので、それを読み込むことから始めよう。

**[1] スプライトリスト画面の右下にあるタブにマウスを置く**

スプライト画面の右下にあるタブにマウスを置くと、「スプライトを選ぶ」の表示が出る。

**[2] マウスを1つ上に動かし、「スプライトを選ぶ」をクリック**

[6-3] スプライトの追加機能

## [3] スプライトから「Anna Dance」をクリック

画面に多数のスプライトが表示されるので、その中から「Anna Dance」を選択してクリックする。

## [4] 新たなスプライトの作成

「コスチュームエディター」画面とステージ画面に「Anna Dance」の図が表示され、かつスプライトリスト画面にも表示される。

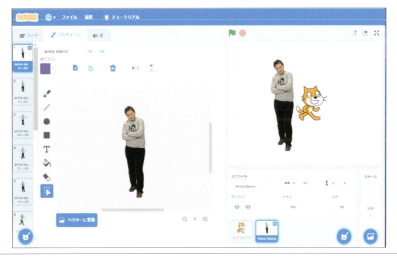

「コスチュームエディター」画面の左側に6個のコスチュームの切り替え画面が表示される。

# 第6章 重要な拡張・追加機能

## ■ スプライトを自作しよう

スプライトを読み込むのでなく、自作することもできる。
まず、先ほどの「Anna Dance」スプライトを削除するため、「スプライトリスト」の「Anna Dance」画面の「×」をクリックしておく。

[1]「スプライトを選ぶ」画面の「描く」をクリック。

画面は瞬時に、新たなコスチュームエディター画面に変わる。

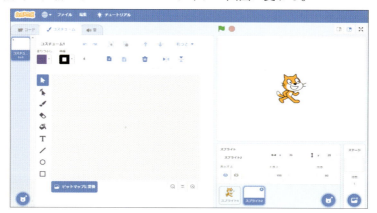

[2] コスチュームエディター画面に、自作のスプライトを作図してみよう。
まず、「ペイント・ツール」から「円」を選択し、「コスチュームエディター」画面にマウスで円を描く。

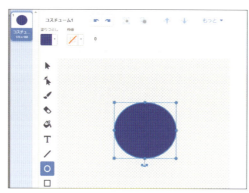

[6-3] スプライトの追加機能

[3] 円の内側が「塗りつぶされている」ので、塗りつぶされていない状態にする。
「塗りつぶし」のプルダウンメニューをクリックする。

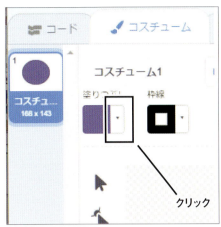

[4] 画面下にある塗りつぶしをしないことを示す「オレンジ斜線」のアイコンをクリックして塗りつぶしを解除する。

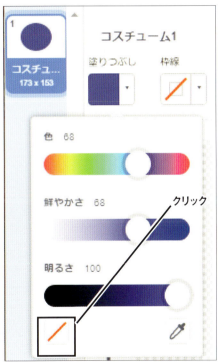

第6章 重要な拡張・追加機能

**[5]** さらに、「枠線」のプルダウンメニューをクリックし、画面からマウスで黒の「色」、「鮮やかさ」、「明るさ」を選択。

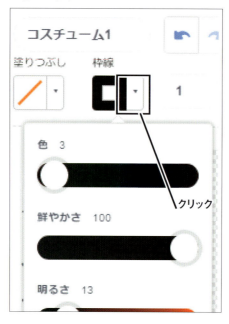

画面は次のように変わる。黒枠の円が表示される。

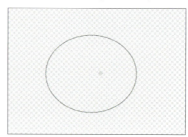

**[6]** 次に、また円を選択し、顔に目として2つの円を描く。

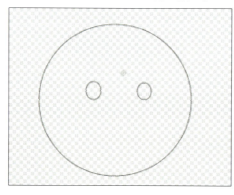

[6-3] スプライトの追加機能

[7] 目を黒で塗りつぶすため、画面の左の目をクリック後、「塗りつぶし」タブをクリックし、色として黒を選択する。

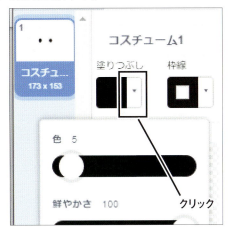

右目も同じ操作をする。

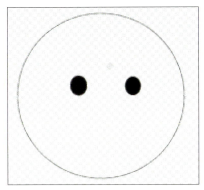

[8] 次に、「口」を描く。そのため、「直線」を使い、横向きの「く」を描く。
さらに、「円」を使い、「耳」を2つ描く

89

# 第6章 重要な拡張・追加機能

**[9]** 顔に色を付け見栄えをよくしよう。

　顔全体をクリックし、ペイントツールから「塗りつぶし」を選択後、「プルダウンメニュー」から水色を選択し、顔と耳をクリックする。さらに、耳の中を赤くする。

ステージ画面に完成したスプライトが表示される。

　さらに、スプライトリストにも「スプライト2」、「コスチュームエディター」画面には「コスチューム1」が表示される。

　この画面を[6-5]で使うので、ファイル名「usagi01.sb3」で指定したフォルダに保存する。

※他の追加機能である「サプライズ」「スプライトをアップロード」については、使う際に説明する。

## 6-4　ステージの追加機能

　ステージの追加機能は、ステージの背景などを作図する機能であるが、これには組み込まれている背景を使う方法と自作の2つの方法がある。ここでは、前者をみていこう。

[1] ステージの右下のタブにマウスを置くと、「背景を選ぶ」との表示が出る。1つ上のタブをクリックする。

[2] 出てくる画面から、ステージ画面に使う背景図として「Jurassic」を選択。

[3] ステージの背景画面が瞬時に「Jurassic」画面に変わる。

　画面の左側は、「コスチューム」に代わり、「背景」タブに代わっていることに注意しよう。 残る「描く」「サプライズ」「背景をアップロード」は、作図に使う際に説明する。

# 第6章 重要な拡張・追加機能

## 6-5 コスチュームの追加機能

5つの追加機能の中でこの「コスチュームの追加機能」は重要である。特に、スプライトのコスチュームを作図する機能は重要なのでしっかり見てみよう。

**[1]**「コンピュータから読み込む」をクリックして、[6-3]で作成した画像ファイルを読み込み。

**[2]** フォルダから「usagi01.sb3」を選択後、「開く」をクリック。

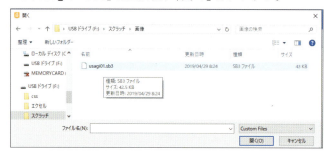

「コスチュームエディター」画面には、「コスチューム1」のウサギの画像が表示される。

次に、新たなウサギの「コスチューム2」を作図しよう。

**[3]**「コスチュームエディター」画面の下にあるタブの上にマウスを置くと「コスチュームを選ぶ」が表示される。2つ上の「描く」をクリックする。

## [6-5] コスチュームの追加機能

新しい、「コスチューム2」画面が表示される。ここに、「usagi01.sb3」を作成した同じ手順で、新しいウサギの「コスチューム2」を作成する。画面は次のように作成される（作図プロセスは省略）。

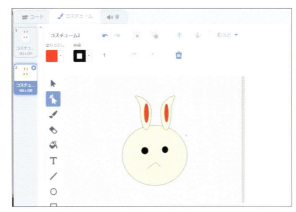

「コスチュームエディター」の切り替え画面に「コスチューム2」が追加されている。画面の「コスチューム1」と「2」を交互にクリックしてみよう。

● [追加]

新たな画面で、一々コスチュームを作るのが面倒な場合、「複製」を使いコスチュームを作成し、その後修正を加える方法もある。

「コスチューム2」の上を右クリックし、「複製」をクリックする。

「コスチューム3」が追加される。「コスチューム2」と同じ図なので、次のように顔色などを緑に修正する。

このようにコスチュームの作成は、新しく作成するか、あるいは複製で作成できる。

93

# 第6章 重要な拡張・追加機能

## 6-6 「音」の追加機能

最後に、「音」の追加機能をみてみよう。

### ■ 画面下のタブにマウスを置く

「ブロックパレット」の上部にある「音」をクリックし、表示される画面下のタブにマウスを置くと「音を選ぶ」が表示される。

1つ上の「音を選ぶ」をクリックすると、次の音の種類が表示される。

### ■ 音の選択

スプライトに適した音を選択するため、音の図の上にマウスを置き、鳴く音をチェックする。ここで、鳴き声として「Squeaks」を選択するためクリックする。

画面に、音の波形図が表示される。

[6-6] 「音」の追加機能

音の作成、組み込みが終了したので、コードグループ画面に戻り、「音」を選択する。ブロックパレットから「Squealsの音を鳴らす」ブロックを直接クリックする。

指定した「Squeals」の音が鳴る。

## ■ 自作の音の作成

もし、適当な音がない場合は、自作で音を用意できる。

### ①「録音する」で音を録る

追加機能の「録音する」をクリックし、録音して音を作成する。

### ②「音をアップロードする」で音声ファイルを読み込む

自作する以外に、ネットなどから手に入れた「音」のファイルを読み込むこともできる。

「音をアップロード」をクリックする。

「音」のファイルの保存先が表示され、読み込むことができる。

95

# 第7章

# 「正多角形」を作図しよう

本章では、前章で紹介したさまざまな「拡張」「追加機能」を使って、「図形」の作図に挑戦してみる。

図形の作図については、文部科学省が小学校での「Scratch」の使用例の一つとして、「正五角形の作図」を提案している。

本章で、この正五角形を含めた「正多角形」の作図プログラムを見てみよう。

## 7-1　「正多角形」とは

「正多角形」とは、「正方形」や「正三角形」「正五角形」など、「辺の長さがすべて等しく、角の大きさも等しい多角形」のことを指す。

*

それでは、「正多角形」を描く準備から始めよう。

### ■ 正多角形を描くための準備

「Scratch」で正多角形を描くには、「ネコ」が歩いた後に「線」を描く方法を取る。

このため、「線」を描く「ペン」が必要となるが、「ブロック・パレット」の「コード・グループ」を見ても、「ペン」は存在しない。

「ペン」を表示するには、「ブロック・パレット」の「拡張機能」を呼び出さなければならない。

[1] まず、「コード・グループ」の下部にある「拡張機能の追加」をクリックする。

[7-1] 「正多角形」とは

**[2]** 画面には、次のような拡張機能が表示される。
画面から「ペン」をクリックする。

**[3]**「コード・グループ」に新たに「ペン」が追加され、さらに「ブロック・パレット」に「ペン」ブロックが9個表示される。

**97**

# 第7章　「正多角形」を作図しよう

## 7-2　「正方形」の作図①

最初は、「正方形」から作図していこう。

### ■ 操作手順①

**[1]**「コード・グループ」の「イベント」を選択し、「ブロック・パレット」の「緑の旗がクリックされたとき」ブロックをコードエリアにドラッグする。

**[2]** 続いて、拡張機能の「ペン」を選択し、「ペンを下ろす」ブロックをコードエリアにドラッグする。

**[3]** 次に、「動き」を選択し、「10歩動かす」ブロックをコードエリアにドラッグする。「10歩」だと「線」「が短くて見えにくいので、「100歩動かす」に変更する。

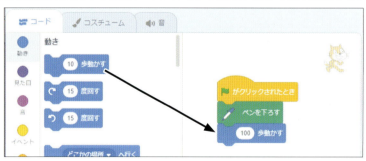

**[4]** ここで実行するため「緑の旗がクリックされたとき」のブロックをクリックする。

**[5]** ステージ画面に、100歩ぶんの横線が引かれ、作図に成功する。

## [7-2] 「正方形」の作図①

■ 操作手順②

次に、「縦線」を引こう。

**[1]**「横線」から「縦線」を引くには、「横線から縦線に曲がる角度」が必要になる。正方形は4つの辺の長さが同じで、4つの角の大きさがそれぞれ「直角」(＝90度)の四角形である。

したがって、「縦線」を引くためには、曲がる角度の「15度回す」ブロックをコードエリアにドラッグした後、数値を「90」に変更する。

**[2]** 続いて、縦線を引くため「10歩動かす」をコードエリアにドラッグした後、「縦線」の数値を「100」に変更する。

**[3]** 実行してみよう。

しかし、図は「横線」と「縦線」の長さが異なるので、失敗である。

これは、初心者がよくする誤りなので、注意が必要である。

失敗の理由は、すでに、「操作手順①」で100歩動かしているので、続いて「操作手順②」を実行すると、100歩からさらに100歩動いてから90度下方に曲がるためだ。

# 第7章 「正多角形」を作図しよう

**[4]** この失敗をなくすには、「操作手順②」の実行前に、「操作手順①」で描いた線を削除しておかなければならない。

ここで、「ペン」機能の「全部消す」ブロックを直接クリックする。

**[5]** 横に書かれた線は消える。

ここで、「操作手順②」を再度実行する。

**[6]** 同じ辺の長さで、90度曲がった縦線が表示される。

## ■ 操作手順③

**[1]**「縦線」から「横線」を書くため、線の向きを「90度」に、さらに「100歩」動かすブロックをコードエリアにドラッグする。

これは「操作手順②」と同じなので、下から2つ目のブロックを右クリックして「複製」を使う。

## [7-2] 「正方形」の作図①

**[2]** この「複製」をクリックすると次の図が出る。

**[3]** 実行する前に「線」を消しておく必要があるので、「全部消す」をクリックする。
画面から2つの「線」は削除されたので、実行しよう。

### ■ 操作手順④

**[1]**「横線」から「縦線」に向きを「90度」に、さらに「100歩」動かすブロックを、コードエリアにドラッグする。
「操作手順③」と同じなので、「複製」を使うと、次の画面が表示される。

# 第7章　「正多角形」を作図しよう

[2] 実行する前に「線」を消しておく必要があるので、「全部消す」ブロックをクリックする。

画面から3つの「線」は削除されたので、実行しよう。

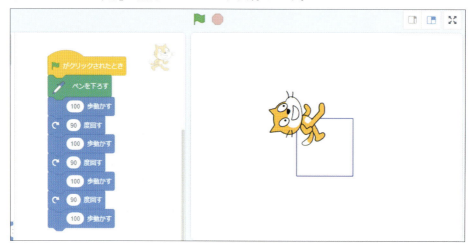

[3] 画面に「四角形」が作図される。

「ネコ」の表示を消すには、スプライトリスト画面の「表示する」ボタンを「非表示」に変更する。

すると、「ネコ」のない、きれいな「正方形」が表示される。

## 7-3　「正方形」の作図②

しかし、ブロックがたくさん並んでいると見た目にも分かりにくく、同じブロックを並べるのも不効率である。

この解決策として、2つの方法がある。
①**簡単な手操作で正方形を作図する方法**
②**本格的なプログラムで正方形を作図する方法**
である。

### ■ 簡単な手操作で作図

[7-2]の「操作手順①②」でブロックを作った後、実行として4回「緑の旗がクリックされたとき」をクリックすると、簡単に「正方形」が作図できる。

この方法は、4回ぶん同じブロックを作っているので、4回「緑の旗」をクリックすれば、4回ぶんブロックを描いたと同じとなるからである。

\*

102

[7-3] 「正方形」の作図②

実行するため、4回、「緑の旗がクリックされたとき」ブロックをクリックすると、「正方形」が作図できる。

■ 本格的なプログラムで作図

前節では、「正方形」を描くとき、「100歩動かす」ブロックと「90度回す」ブロックを使って、同じ動きを4回繰り返した。

プログラミングでは、同じ動きを繰り返すときは、「反復処理」である「制御」機能の「10回繰り返す」ブロックを使う。

[1]「制御」を選択し、「10回繰り返す」ブロックを、コードエリアまでドラッグする。そして、回数の数値を「4」に変える。

[2] さらに、「10歩動かす」ブロックと「15度回す」ブロックを「制御」ブロックの中に入れる。
　　数値を、それぞれ「100」と「90」に変える。

103

# 第7章 「正多角形」を作図しよう

**[3]** 実行するため、「緑の旗がクリックされたとき」ブロックをクリックすると、自動的に4回「100歩動かす」ブロックと「90度回す」ブロックが繰り返され、「正方形」が作られる。

## 7-4 「正三角形」の作図

続いて、「正三角形」を作図しよう。
この際に注意することは、曲がる角度がどのくらいの角度になるかということである。
「正三角形」の内角の角度は60度であることが知られている。この内角の角度60度で曲がってみよう。

### ■ 操作手順①

「正三角形」の「操作手順①」は **[7-2]** の「操作手順①」とまったく同じなので、各自作成しよう。

### ■ 操作手順②

**[1]**「15度回す」ブロックを、コードエリアにドラッグ後、数値を内角の「60度」に変える。

[7-4] 「正三角形」の作図

[2] 三角形は3辺の長さから出来ているので、ブロックをさらに1個複製する。

実行してみよう。実行する際には、「線」を全部消しておく。

[3] 実行しても、このプログラムでは、「正三角形」の作図はできない。
原因は、曲がる角度が内角の「60度」では、「正三角形」は作図できないからである。

## ■ 操作手順③

図の作図に失敗したのは、内角の角度「60度」で回ったところにある。

何度で曲がればよいのだろうか。

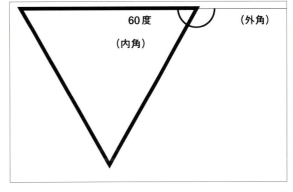

図から、横線の角度「180度」から内角の「60度」を引いた、外角「120度」で曲がればよいことが分かる。

[1] 次のように、曲がる角度を「外角」の「120度」に直したブロックを作る。

105

# 第7章 「正多角形」を作図しよう

**[2]** 実行してみよう。実行する際には「線」を全部消しておく。

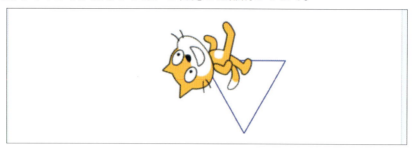

きれいな「正三角形」が作図された。

では、内角の60度で曲がった場合どのような図形が出来るだろうか。
結果のみを見てみよう。「正6角形」が作図される。

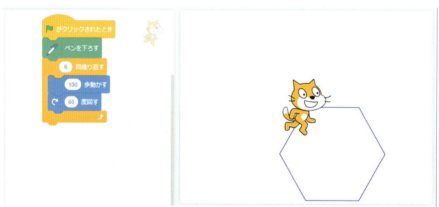

## 7-5　「正五角形」の作図

最後に、文部科学省が提案した「正五角形」を作図しよう。

＊

「正五角形」の曲がる角度を調べてみよう。

**[1]**「正五角形」は、特徴から3つの三角形で出来ていることが分かる。

そして「三角形の内角の和」は「180」で、3つの三角形があるので合計は、

180度 × 3 = 540度

となる。

**[2]** さらに、「正五角形」の「内角」はすべて等しい性質をもつので、「540度」を「5」で割ると、

540度 ÷ 5 = 108度

となる。

106

[7-5] 「正五角形」の作図

[3]「外角」は、

180度 － 108度 ＝ 72度

となる。

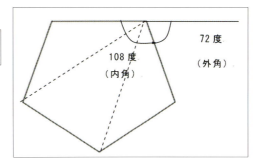

したがって、「正五角形」を作図するには、外角「72度」で曲がればいいことになる。

[4] 4回の「複製」を使って、「正五角形」のプログラムを作る。

[5] 実行してみよう。

きれいな「正五角形」が作図される。

# 第7章　「正多角形」を作図しよう

「制御」の「10回繰り返す」ブロックを使うと、簡潔なプログラムが作成できる。数値は「5」に変える。

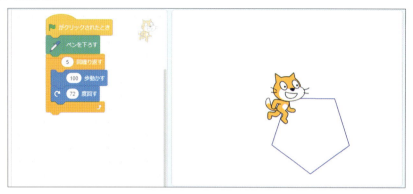

## 7-6　他の図形（「円」の作成）に挑戦

「正多角形」の他に、よく使う「円」の画像の作成に挑戦しよう。

**[1]** プログラムでは、「制御」の「10回繰り返す」ブロックの数字「10」を「360」に変更している。

これは、線を「360度」に回す措置である。
そして、1度ずつ、1歩ずつ回していくので、数値はともに「1」に変える。

**[2]** 実行すると、ゆっくりときれいな「円」が作図される。

## 7-7　正多角形の「面積」の求め方

図の作図ができたので、「正多角形の面積」を求めてみよう。

最初に、「正方形の面積」を計算してみる。

### ■ 正方形の面積

いま、一辺の長さが「10cm」の「正方形」があるとしよう。

「正方形の面積」は、「縦×横」なので、次の計算式で求めることができる。

```
正方形の面積＝縦×横
            ＝10cm × 10cm
            ＝100cm²
```

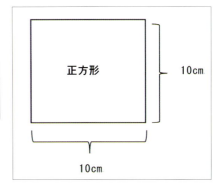

プログラムで「正方形の面積」を求めてみよう。

#### ①具体値での計算

簡単なプログラムは、直接、「演算」ブロックの「値ブロック」に数値「10」を入れ、実行する方法である。

#### ②変数を利用して計算

次に、変数を用いてプログラムで計算しよう。

[1]「縦、横、面積」の変数を「a,b,S」として作る（変数の作成方法は5章を参照）。
[2] 次に、「aを0とする」ブロックを3個コードエリアにドラッグする。
[3] 3個のプルダウンメニューから「a,b,S」を選ぶ。「a」と「b」の数値を「10」に変える。
[4] さらに、「掛け算」ブロックをコードエリアにドラッグ後、「a,b」を挿入する。
[5] そして、このブロックを「Sを（　0　）にする」ブロックに挿入する。

109

# 第7章 「正多角形」を作図しよう

実行すると、ステージ画面に面積「S」の値「100」が表示される。

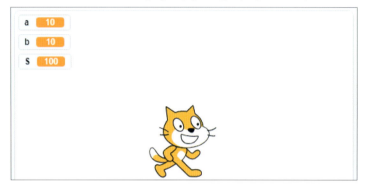

## ■ 正三角形の面積

次に、「正三角形の面積」を求めてみよう。

これを解くには、中学校で習う「三平方の定理」が必要である。

**[1]** いま、一辺が10cmの「正三角形」があったとしよう。

三角形の面積は「縦×横」の値を「2」で割った値である。

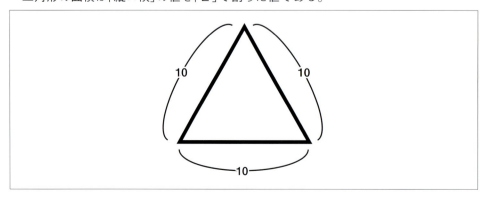

## [7-7] 正多角形の「面積」の求め方

**[2]** しかし、「縦の長さ」が分からない。

縦の長さ「c」を出すため三角形の頂点から「垂線」を下す。
下した「垂線」は、底辺の中点「5」と交わる。

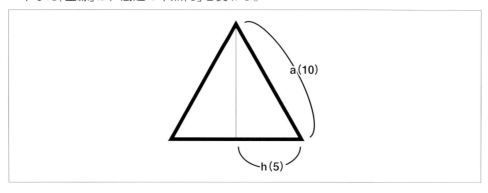

**[3]** 「正三角形」は、「2つの直角三角形」に分かれる。

この「直角三角形」は、有名な「三平方の定理」、あるいは「ピタゴラスの定理」が適用でき、この定理を活用することで、「c」の値を求めることができる。

その公式は、

$$a^2 = b^2 + c^2$$

となる。
数値を入れると、

```
10²  =  5²  +  c²
100  =  25  +  c²
c²   =  100 −  25
c    =  75
     =  5√3
```

となり、「縦」の長さ「c」が求められた。

面積は、

```
=  ( 5 * 5√3 ) / 2
=  ( 25√3 ) / 2
=  21.65
```

となる。

さらに、2つの「三角形」の面積なので、加算し、「43.3cm²」となる。

111

# 第7章　「正多角形」を作図しよう

準備ができたので、「直角三角形」プログラムを作ろう。

**[1]** 最初に、「計算式」のプログラムを作る。

「演算」を選択後、「(apple)と(banana)」ブロック、「掛け算」ブロック、「割り算」ブロック、「(　)の絶対値」ブロックをコードエリアにドラッグする。ドラッグ後、「絶対値」を「平方根」に変える。

各ブロックに次のように計算項目を入れると、「計算式」ブロックが完成する。
ただし、「b」は「変数」である。

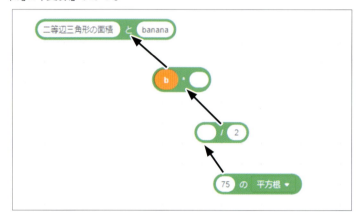

**[2]**「(こんにちは)と言う」ブロックをコードエリアにドラッグ後、このブロックに「計算式」ブロックを挿入する。

**[3]** 実行しよう。

[7-7] 正多角形の「面積」の求め方

## ■「正五角形」の面積

「正五角形の面積」を解くには、「三角関数」の知識が必要である。
「三角関数」は高校で学ぶので、本書では取り上げない。

## ■ 円の面積

「円の面積」は、「半径」が分かれば、公式は「半径の二乗×π」で求めることができる。

[1] いま、半径が「10cm」とする。
「π」は「3.14」なので、次の式が得られる。

```
円の面積  =  10² ×  3.14
         =  314cm²
```

[2] プログラムで解いてみよう。
　作図では、「(apple)と(banana)」ブロック、2個の「掛け算」ブロックをコードエリアにドラッグし、計算式を作る。

　それを「(こんにちは)と言う」ブロックに挿入している。
　ただし、半径は「変数」である(変数の作成は各自行なう)。

[3] 実行しよう。

# 第8章

## 漢字の「筆順」を覚えよう

漢字を書くときにやっかいなのが、「書き順」（筆順）である。
　いったん間違って覚えてしまうと、大人になってからの修正は難しい。
　そのため、小学生のときから正しい筆順を覚えることが大事である。

### 8-1　　　小学校で覚える漢字

小学校6年間で覚える漢字は全部で「1006文字」である。

各学年に覚える漢字は、以下のように決まっている。

| | |
|---|---|
| 1年生 | 80文字 |
| 2年生 | 160文字 |
| 3年生 | 200文字 |
| 4年生 | 200文字 |
| 5年生 | 185文字 |
| 6年生 | 181文字 |
| 合　計 | 1006文字 |

　文部科学省が「覚えるべき」と決めた「常用漢字」が2136文字であるから、小学校6年間でほぼ半分を覚えることになる。

　その上、漢字には「音訓」があり、1つの漢字に多数の読み方があり、漢字を習得するのはかなり苦労である。
　たとえば、漢字の「生」には、よく使われる「音訓」として、次の読み方がある。

「生」
　音読み　人生（じんせい）、一生（いっしょう）、平生（へいぜい）、
　　　　　誕生（たんじょう）など

　訓読み　生（い）きる、生（う）まれる、生（お）い立ち、生（は）える、
　　　　　生（き）糸、生（なま）ビールなど

[8-2] 小学1年生が覚える漢字の「筆順」①

…は150種類あると言われている。
…順」まで理解しなければならず、大変である。
＊
…を楽しく覚えよう。

## 覚える漢字の「筆順」①

…く間違える代表的例として「右」と「左」の

両者では、
この「右」と「
この筆順を教

…大人の2割程度と言われている。
…ろう。

■「右」の「

「筆順プログラム」として「右」の作成から始めよう。

● 「Scratch」の初期画面から、新たな「コスチューム・エディター」画面の作成

「右」の筆順は5画なので、5つのコスチューム画面が必要になる。

[1] 最初に、「スプライトリスト」画面下の追加機能の「スプライトを選ぶ」にマウスを置き、表示される画面から「描く」をクリックする。

115

# 第8章　漢字の「筆順」を覚えよう

**[2]** 新たな「コスチューム・エディター」画面が表示される。

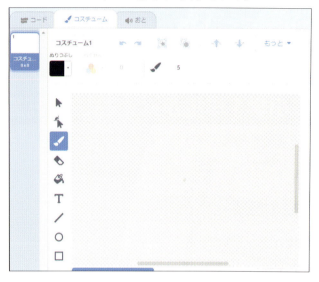

**[3]** この「コスチューム・エディター」画面に「右」の一画目を書くため、「筆」を選択し、次のように書く。

※書く前に、「塗りつぶし」から「赤色」を設定しておく。「筆」の太さは「5」とする。

一画目を書くと同時に、左側に作図した「コスチューム1」の画面が表示される。

● 二画目に挑戦

続いて、二画目を書くため、画面左下の追加機能の「コスチュームを選ぶ」にマウスを置き、画面から「描く」を選択する。

「コスチューム2」の切り替え画面が表示される。

116

[8-2] 小学1年生が覚える漢字の「筆順」①

この画面に、筆を使い、次のように2画目を書く。

※書く前に、一画目は「塗りつぶし」から「黒色」に変えておく。

●三画目以降

以降、同じ操作手順で、「コスチューム3、4、5」の切り替え画面に三画目、四画目、五画目を書く。

※それぞれ書く前に、書き終わった画から「黒色」に変えておく。

## ■ プログラムの作成

コスチュームの5つの切り替え画面が完成したので、これを自動的に読み込むプログラムを作ろう。

[1]「コード画面」に戻り、コードグループから「見た目」を選択し、「コスチュームを(コスチューム1)にする」ブロックをコードエリアに5個ドラッグする。

117

# 第8章　漢字の「筆順」を覚えよう

[2]そして、ブロックのプルダウンメニューから、コスチューム番号を「2，3，4，5」と変える。

[3]さらに、各ブロックの間には、時間の「5秒待つ」ブロックを挿入する。

[4]実行すると、漢字の「右」の筆順が5秒おきに表示される。

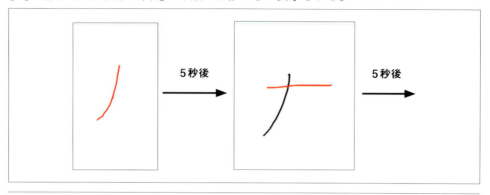

## ■ より効率的なプログラム

　同じ切り替え画面を何回も使うので、「制御」の「繰り返し」ブロックを使うと、効率的なプログラムが作成できる。

[1]コードグループから「制御」を選択し、画面から「10回繰り返す」ブロックをコードエリアにドラッグする。

[2]5画なので、数値を「5」に変更する。

[3]次に、「見た目」を選択し、「次のコスチュームにする」ブロックを制御ブロック内に挿入する。

[4]実行すると、「右」の筆順が5秒おきに表示される。

## ■ 初期化の導入

しかし、若干の問題がある。
1回書き終え、再度実行する際に、1回目の「右」の文字が残ったままで筆順が分かりにくい。
この改善策として、「初期化」の措置が必要である。
すなわち、描く前に、何もない「白紙の初期状態」に戻す措置が必要である。

[1]「コスチューム画面」に戻り、「コスチューム1」の画面で右クリックする。

[2] 画面から「複製」を選択する。

[3] 同じ画面が複製される。
新たな複製画面のコスチューム番号は、「コスチューム6」になっている。

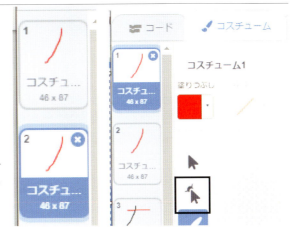

ここで、マウスを「コスチューム1」の画面に戻し、「選択」をクリックする。

[4] 画面は次のようになる。
表示された「削除」タブをクリックする。

画面の一画目の文字は削除された。

[5] 新たな「コスチューム画面6」は2番目に追加されたので、番号が乱れている。

ここで正確な番号に直すため、「コスチューム0、コスチューム1・・・・コスチューム5」とし、コスチュームを番号順の数字に直す。

# 第8章 漢字の「筆順」を覚えよう

[6] 続いて、「コード画面」にもどり、初期化措置として「コスチュームをコスチューム1とする」ブロックをコードエリアにドラッグする。

　コスチュームの初期画面を表示させるので、「コスチューム0」に変更後、「緑の旗がクリックされたとき」ブロックの下に挿入する。

[7] 実行すると、まず画面が初期状態となり、それから書き始める。

　このように、後から初期状態を入れるのは大変なので、最初から初期状態として「コスチューム0」を作ってから、プログラムを作るのが望ましい。

## 8-3　「タイトル」の表示

　初期化のため作った「コスチューム0」は、画面では白紙の状態である。
　この画面に「タイトル」をつけよう。

＊

　「①手書きで行なう方法」と「②ワードなどで作ったタイトル画面をアップロードする方法」──の2つがある。

### ■「手書き」で行なう方法

[1]「コスチューム・エディター」の「ペイント・ツール」にある「筆」を使い、「コスチューム0」の画面に題目として次のように書く。

[8-3] 「タイトル」の表示

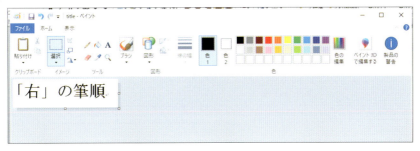

[2]「コード画面」に戻り、実行しよう。

実行すると、初期画面に「タイトル」が表示される。

## ■「アップロード」を使う方法

「筆」を使う手書きの方法では、字は歪んで見栄えがよくない。

このような場合、「ワードなどでタイトルを作り、保存したファイルを使う方法」がある。

この保存したファイルを読み込むため「アップロードの方法」を使う。

[1]「ペイント」に「ワード」などで作った「タイトル」を貼りつける。

[2] これをフォルダに「title.png」というファイル名で保存する。

※画像ファイルの拡張子は「png」とする。

121

# 第8章 漢字の「筆順」を覚えよう

**[3]**「コスチューム画面1」に戻り、画面下の「コスチュームを選ぶ」にマウスを置き、画面の「コスチュームをアップロード」をクリックする。

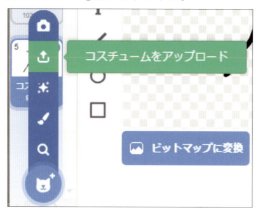

**[4]** フォルダにある「title」をクリックし、「開く」をクリックする。

瞬時に、タイトルが「コスチューム7」の画面に表示される。

この「コスチューム7」の画面を左クリックしたまま右にズラすと「タイトル文字」が表示される。

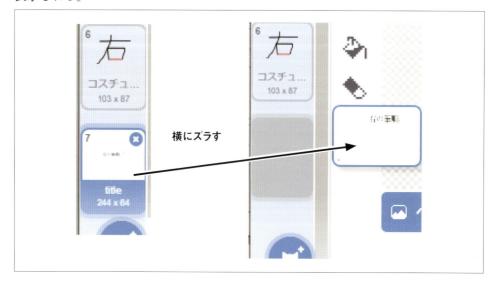

122

[8-3] 「タイトル」の表示

**[5]** この横にズラした「タイトル文字」画面を「コスチューム0」画面にドラッグする。

**[6]** 「コスチューム0」にタイトル文字が表示される。
「コスチューム0」は「タイトル」に変わる。

**[7]** タイトル画面を組み込んだ「筆順プログラム」を作ろう。
「コード画面」に戻り、次のようにプログラムを作る。
[8-2]で作ったプログラムに「コスチュームを(title)にする」ブロックを挿入する。

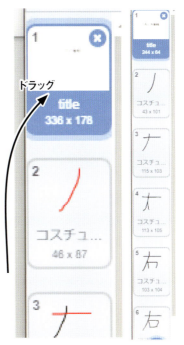

実行すると、ステージ画面にきれいなタイトルの「右の筆順」が表示される。

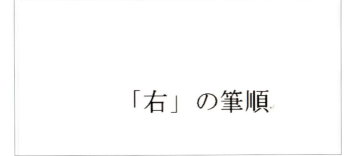

その後、3秒おきに筆順が表示される。

123

# 第8章 漢字の「筆順」を覚えよう

## 8-4　小学1年生が覚える漢字の「筆順」②

「右」の筆順プログラムを作ったので、次に「左」の筆順プログラムをみてみよう。

操作手順は、文字が変わるだけなので、結果のみを表示する。

### ■ コスチューム画面における切り替え図

コスチューム切り替え画面は、初期状態を当初から作るので、「6個の画面」(1個は初期状態の画面で、残りが5画の「左」を描く画面)となる。

各自、6個の「左」の筆順コスチューム切り替え画面を作ろう。

### ■ プログラムの作成

「左」の筆順を表示するプログラムを作ろう。

「コード画面」に切り替え、次のようなプログラムを作る。
プログラムは「右」で作ったプログラムとまったく同じである。

実行すると、「左」の筆順が5秒ごとに表示される。「左」のタイトルは各自作成しよう。

## 8-5　漢字の「音訓」を入れよう

さらに、漢字の読み方も入れてみよう。

### ■ 右の音訓

「(こんにちは)と言う」ブロックをドラッグし、「右」の「音読み」と「訓読み」の読み方をブロックにキーボードから書き込む。

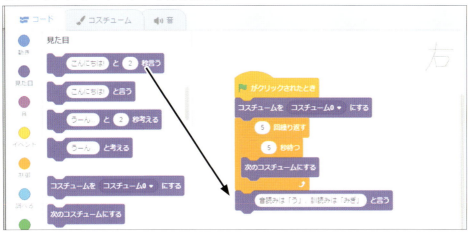

実行しよう。

### ■ 「左」の音訓

「左」の「音訓」が、「右」のプログラムと異なる個所は、最後の「音訓」を表示するブロックである。

このブロックを、「右の音訓」のブロックと入れ替えると、「左」の「音訓プログラム」が出来る。

# 第9章

## 「作曲」をしてみよう

「Scratch」の大きな長所として、「音」の処理が他のプログラム言語よりも簡単にできることがある。
この利点を使って、「音楽教科の支援プログラム」を作ろう。

### 9-1 「音」を鳴らしてみる

まず、音楽の基礎である「ドレミファソラシド」を鳴らしてみよう。

#### [1] 拡張機能の追加

音を操作するには、コードグループの画面下にある「拡張機能の追加」をクリックする。

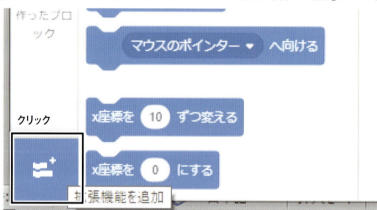

#### [2] 表示される画面から、「音楽」をクリック

126

[9-1] 「音」を鳴らしてみる

## [3]「音楽」ブロックの表示

コードグループに「音楽」が表示され、同時に「音楽」ブロックも表示される。

この「ブロック」を使って、「ドレミファソラシド」の音を出してみよう。

## [4]「楽器」の選択

最初に、ピアノの「ドレミファソラシド」を鳴らしてみよう。

まず、「楽器を(ピアノ)にする」ブロックを「コードエリア」にドラッグする。

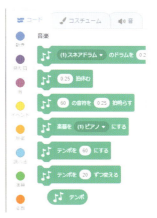

ブロックの「ピアノ」のプルダウンメニューをクリックすると、さまざまな種類の楽器が表示される。

今回は「ピアノ」を選択する。

## [5]「音符」ブロックの追加

「ブロック・パレット」から、「(60 )の音符を(0.25 )拍鳴らす」ブロックを「コードエリア」にドラッグする。

このブロックの「音符」は「ドレミ」などの「音の高さ」(音階)を表わし、「拍」は「音の長さ」を表わす。

127

# 第9章 「作曲」をしてみよう

## ■「ドレミファソラシド」と「けんばん」の数値の関係

ブロックの「60」の数値を「左クリック」すると、ピアノの「けんばん」が表示される。
「けんばん」を見ると、「水色」で、数値が「60」の個所がある。
これは何を意味しているのであろうか。

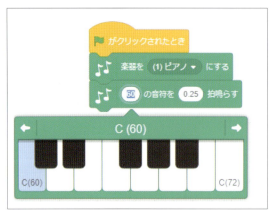

ここをマウスでクリックすると、「ド」の音が聞こえる。

続いて、隣のキーをクリックすると、「けんばん」は「レ」の音を鳴らし、数値は「60」から「62」に変化する。

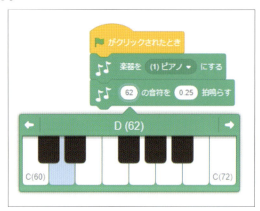

さらに、隣の「けんばん」をクリックしていくと、「音」と「数値」が変化していく。
その関係は、次のようになる。

| 音 | 番号 |
|---|---|
| ド | 60 |
| レ | 62 |
| ミ | 64 |
| ファ | 65 |
| ソ | 67 |
| ラ | 69 |
| シ | 71 |
| ド | 72 |

## [9-1] 「音」を鳴らしてみる

　なぜ、数値が「60,62,64」と「65,67,69,71」と2間隔に表示されているのだろうか。
　それは、2間隔の間に「黒のけんばん」(半音表示けんばん)の数値「61,63」「66,68,70」が割り当てられているからである。

　ここで、連続的に「けんばん」を「60」から「72」に打つと、「ドレミファソラシド」の音が鳴る。

### ●8個の「ドレミ」のブロックを作成
　「けんばん」を表示させ、マウスでクリックして音を出すのは、面倒である。

　そこで実行すれば自動的に「ドレミファソラシド」の音が鳴るように、プログラムを作る。
　「(60)の音符を(0.25)拍鳴らす」ブロックを8個「コードエリア」にドラッグし、結合させる。

　図で表示している「音階」の数値「60〜72」は、手操作でキーボードから入力するか、「けんばん」から入力する。

　実行すると、連続的に「ドレミファソラシド」の音が鳴る。
　　　　　　　　　　　　　　　　＊
　「拍」はデフォルトで「0.25」になっているが、これをすべて「1」に変え、実行してみよう。両者の違いがよく分かる。

# 第9章 「作曲」をしてみよう

## 9-2　音楽の基礎知識

曲を作る前に、「楽譜」の簡単な見方を解説しよう。

### ■「楽譜」のさまざまな「符号」

「音の基本」が理解できたので、次に「作曲」しよう。

「作曲」するための基礎として、「楽譜の読み方」や「音楽記号の読み方」として、『どのぐらいのテンポで、どの音をどのぐらいの長さで鳴らすか』をまず理解しよう。

＊

代表的な「さくらさくら」または「さくら」の楽譜の一部を見てみよう。

5本1組の平行な直線を「**五線譜**」(ごせんふ) といい、「**音符**」や「**音部記号**」を書き込むと「**楽譜**」となる。

「**縦**」が「**音高**」を表わし、「**高い音**」が上に、「**低い音**」が下に書かれる。

＊

「いちばん左」に「**ト音記号** 𝄞」(音部記号) が表記され、「高音域用」として使われる。

次の「C」は「4分の4拍子」を表わす記号で、「1小節」が「4拍」からなることを示している。

＊

「**音符**」は、音の「**高さ**」や「**長さ**」を表わすための記号のひとつで、その音符にもいろんな種類がある。

ここで使われている音符を見てみよう。

※8分音符が2つながった場合、見やすくするためまとめて「連桁」(れんこう) という記号でつなぐことができる。

[9-3] 作曲しよう

## ■「1小節」の音符の入力

準備ができたので、「さくら」の曲の「1小節」の音符のブロックを入力してみよう。

その前に、「さくら」を演奏する「楽器」の指定と、曲の「テンポ」を、次のように決める。

| 楽器 | ： | ピアノ |
| --- | --- | --- |
| テンポ | ： | 80 |

これを組み込んだ「楽器を(ピアノ)にする」ブロックと「テンポを(60)にする」ブロックを「コードエリア」にドラッグする。「テンポ」の数値を「80」に変える。

## 9-3　　作曲しよう

準備ができたので、最初に「さくら」の「1小節」の音符を入力しよう。

## ■「1小節目」の音符の入力

[1]「さくら」の「1小節目」は、「4分音符」が2つ、「2分音符」が1つから出来ている。
　最初の「さ」の音符を作るため、「音楽」ブロックにある、「(60)の音符を(0.25)拍鳴らす」ブロックを、「コードエリア」にドラッグする。

131

# 第9章 「作曲」をしてみよう

**[2]**「さ」の音符「ラ」を数値で表示するため、「音符」の「60」を「69」に変更しなければならない。

数値の「60」の個所を左クリックする。

表示される「けんばん」から「69」の個所をクリックすると、自動的に数値が「69」に変わる（手操作でキーボードから、直接「69」と入力してもよい）。

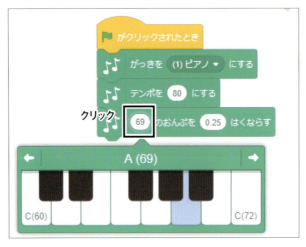

**[3]** 続いて、「拍」は「4分の4拍」なので、「0.25」をクリックし、キーボードから「1」に変更する。

「さくら」の「さ」の音符のブロック、「69の音符1拍鳴らす」ブロックが完成した。

**[4]** 次の「く」を出すため、「複製」機能を使う。

「69の音符を1拍鳴らす」ブロックの個所を右クリックし、「複製」を選択する。

[9-3] 作曲しよう

**[5]** 同じ内容のブロックが「1行」表示される。
そして「さ」で行なったように「く」の「音符の数値」と「拍」を指定する。
ただ、「さ」と「く」の「音符」と「拍」は同じなので、そのまま追加する。

**[6]** さらに、「ら」の音符と拍のブロックを出すため、また「複製」機能を使う。
いちばん下のブロックをマウスでクリックし、画面から「複製」を選択する。
「ら」の音符「シ」を出すため、数値の個所を左クリック。

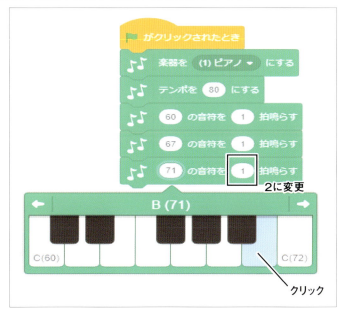

**[7]**「けんばん」の「71」をクリックすると、自動的に数値は「71」に変わる。
「ら」は「2分音符」なので、「拍」は「4分音符」の2倍の「2」と変更する。
ブロックは「71の音符を2拍で鳴らす」に変わる。

これで1小節の「音符」ブロックが完成した。

# 第9章　「作曲」をしてみよう

## ■「2小節目」の音符の入力

「さくら」の「2小節目」は「1小節目」とまったく同じなので、「1小節目」を「複製」すればよい。

　　　　　　　＊

　1個を複製する場合は、いちばん下のブロックにマウスを合わせクリックし、「複製」する。

　2個なら下から2個目を、3個なら3個目にマウスを合わせて複製する。

　今回は、3個の「複製」なので、下から3個目のブロックをクリックする。

「複製」を選択すると、自動的に3つのブロックが出来る。

## ■「3小節目」の音符の入力

さらに、「3小節目」は「4分音符」が4つあるので、4つのブロックの「複製」が必要である。

作成後、「けんばん」を使い、「音符」と「拍」を次のように変更する。

今回は、「2分音符」がないので、4つのブロックを作り、「音符」を「ラ(69)、シ(71)、ド(72)、シ(71)」とし、「拍」はすべてが「4分音符」なので「1」とする。

このブロックを、「2小節目」の最後のブロックに追加する。

## ■「4小節目」の楽譜の作成

**[1]**「4小節目」のブロックで注意が必要なのは、「8分音符」を連桁した「シ」と「ラ」ブロックである。

「シ(71)」に対して、「8分音符」のところは拍が「1/2」なので、「0.5」で表示する。

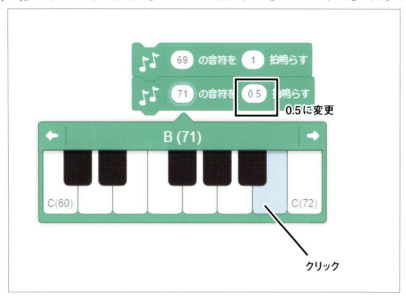

**[2]** さらに、「ラ(69)」に対して、「8分音符」のところは拍が「1/2」なので「0.5」で表示する。

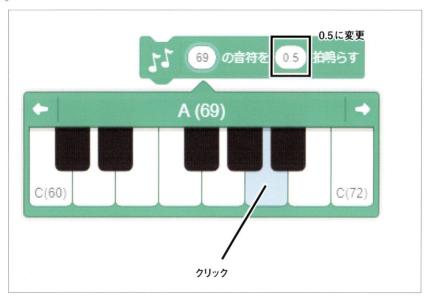

# 第9章 「作曲」をしてみよう

**[3]** 最後に、「ファ」のブロックを見よう。
「けんばん」の「67」をクリックすると自動的に数値は「67」に変わる。
「ファ」は「2分音符」なので、「拍」は「4分音符」の2倍の「2」に変更する。

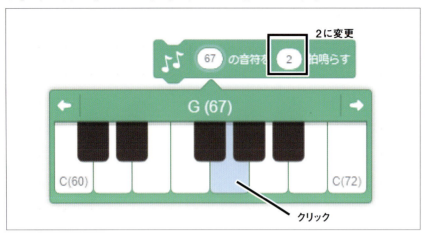

**[4]**「4小節目」の「音符」ブロックを結合させる。

## ■「1小節目」から「4小節目」をまとめて表示

「1小節目」から「4小節目」をまとめてプログラムで表示しよう。

実行すると、「4小節目」までのきれいな「さくら」の音が鳴る。

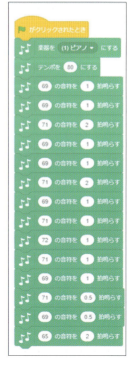

[9-4] 背景に「音符」を表示

## 9-4　背景に「音符」を表示

　「さくら」の音のみ聞こえるので、ここで「ステージ画面」の背景に、「さくら」の「音符」を表示しておこう。

[1]最初に、「さくら」の楽譜を手に入れ、それをフォルダにファイル名「sakura01.png」で保存する。

[2]ステージの追加機能の「背景を選ぶ」にマウスを置き、表示される画面から「背景をアップロード」をクリック。

[3]画面から、「さくら」を保存していたフォルダを開き、ファイル「sakura01.png」をクリックして、「開く」を選択。

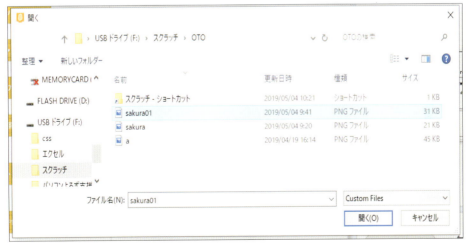

137

# 第9章 「作曲」をしてみよう

**[4]** 画面では、「さくら」の音符がステージに表示される。

ここで、コードをクリックする。

画面は次のようになる。

「コードエリア」にはプログラムが表示され、ステージの背景には「さくら」の音符が表示される。

**[5]** 各自、ステージの曲を見ながら「4小節目」以降の「さくら」のすべての音符を入力をしよう。

## 9-5 「伴奏曲」を入れよう

前節では、「メロディー」だけだったので、ここに「伴奏」を入れよう。
「伴奏」を入れることで、「メロディー」に深みを与えることができる。
「さくら」に合った「伴奏曲」を各自作り、「メロディー曲」と同時に処理する「並行処理」を行なっていこう。

### ■「コードエリア」の拡張

「伴奏曲」を、「メロディー曲」と同じ「コード画面」に並列に作るにはコード画面が小さいので、拡大しよう。
ステージ画面の上部にある拡大アイコンをクリックする。

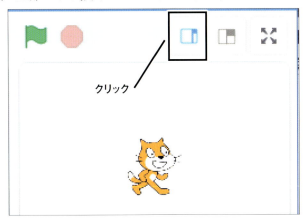

### ■「伴奏曲」の作成①

「伴奏曲」は「メロディー」と同様に「ピアノ」で作り、テンポは「80」とする。
「伴奏曲」の最初は、「2拍休む」とする。
そのため、「ブロック・パレット」から「(0.25)拍休む」を「コードエリア」にドラッグし、数値を「2」とする。

# 第9章 「作曲」をしてみよう

## ■「伴奏曲」の作成②

「メロディー」が「シ」を2拍鳴らしている間に、「伴奏曲」では「シ(71)」「ミ(76)」「ド(72)」「シ(71)」の音符を「0.5拍」間隔で鳴らす処理をする。

この措置を「コードエリア」にドラッグした4個の「(60　)の音符を(0.25)拍鳴らす」ブロックに組み込む。

## ■「伴奏曲」の作成③

「2小節目」は「1小節目」と同じなので、「2拍休む」を入れた後、複製する。

## [9-5] 「伴奏曲」を入れよう

### ■「伴奏曲」の作成④

3小節の「伴奏曲」の音符は「ラ(69)」「ラ(69)」「シ(71)」「シ(71)」「ド(72)」「ド(72)」「シ(71)」「シ(71)」を、「0.5拍」鳴らす処理をする。

この措置を、「(60)の音符を(0.25)拍鳴らす」ブロックに組み込む。

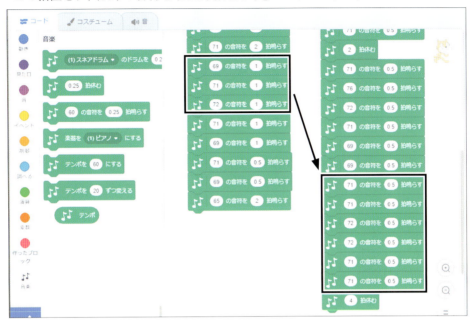

### ■「伴奏曲」の作成⑤

最後の「4小節目」は休むため、「(0.25)拍休む」を「コードエリア」にドラッグし、数値を「4」に変えて、結合する。

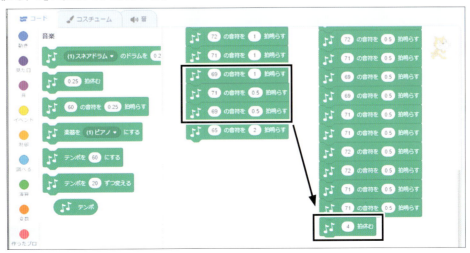

# 第9章　「作曲」をしてみよう

## ■「伴奏曲」の作成⑥

「4小節目」の伴奏曲が完成したので、「メロディー」と「伴奏曲」を表示しておこう。

## ■ 実行

実行するには、注意が必要である。
「コードエリア」には、「メロディー」と「伴奏曲」の2つのプログラムが並列し、各実行ブロックをクリックしてもメロディと伴奏曲が別々に鳴るだけである。

「メロディー」と「伴奏曲」を同時に鳴らすには、ステージ画面の上部にある「緑の旗」のアイコンをクリックする。

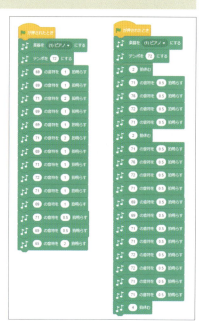

クリック

このように、プログラムの実行にはコードエリアの「緑の旗をクリックされたとき」ブロックを使うか、ステージ画面の上部の「緑の旗」アイコンを使うかの2つの方法がある。使用目的に応じて選択する。

## 9-6　他の楽器にも挑戦

「さくら」の歌を「ピアノ」だけでなく、他の楽器でも作ってみよう。

たとえば、「ギター」ならば、現在「ピアノ」と書かれているところをクリックし、「ギター」を選択して、実行する。

# 索 引

## 五十音順

### 《あ行》

| | | |
|---|---|---|
| あ | 値ブロック | 25 |
| | アップロード | 121 |
| い | イベント | 72 |
| | インストール | 6 |
| え | えんざん | 55 |
| お | おと | 16,53 |
| | 音楽 | 126 |
| | 音訓 | 125 |
| | 音符 | 127,130 |

### 《か行》

| | | |
|---|---|---|
| か | 回転 | 28 |
| | 拡張機能 | 13,80,126 |
| | 角度 | 46 |
| | 楽譜 | 130 |
| | 楽器 | 127 |
| き | 基数 | 78 |
| | キャップブロック | 26 |
| く | 繰り返し処理 | 33 |
| | グループ化 | 50 |
| け | けしごむ | 46 |
| | 言語 | 11 |
| | 原点 | 20 |
| | けんばん | 128 |
| こ | コード | 12 |
| | コードエリア | 10 |
| | コードグループ | 22 |
| | コスチューム | 15,41 |
| | コスチュームエディター | 15 |
| | 五線譜 | 130 |

### 《さ行》

| | | |
|---|---|---|
| さ | さいせい | 53 |
| | 削除 | 46 |
| | 作図 | 96 |
| | 作曲 | 126 |
| | 左右反転 | 46 |
| | 三平方の定理 | 110 |
| し | 四則演算 | 55 |
| | 実数値 | 61 |
| | 条件判断 | 24 |
| | 条件分岐 | 29 |
| | 初期化 | 74,119 |
| | 真偽ブロック | 24 |
| す | 図形 | 96 |
| | スタックブロック | 24 |
| | ステージ | 17 |
| | スプライト | 12 |
| | スプライトリスト | 19 |
| せ | せいぎょ | 77 |

### 《た行》

| | | |
|---|---|---|
| た | タイトル | 120 |
| ち | 逐次処理 | 26 |
| つ | 追加機能 | 80 |
| て | 停止 | 26 |
| | テキスト | 49 |
| | テンポ | 131 |
| と | ト音記号 | 130 |

### 《は行》

| | | |
|---|---|---|
| は | ハットブロック | 23 |
| | はりつけ | 46 |
| | 伴奏曲 | 139 |
| | 反復処理 | 33 |
| | ピタゴラスの定理 | 111 |
| ひ | 筆順 | 114 |
| | ビットマップ画像 | 15 |
| ふ | ファイルの読み込み | 40 |
| | 複写 | 46 |
| | ブロック | 22 |
| | ブロックパレット | 10 |
| | ブロックプログラム | 6 |
| へ | ペイント・ツール | 41 |
| | ベクター画像 | 15 |
| | ペン機能 | 83 |
| | 変数 | 64 |
| | へんすう | 65 |
| ほ | 保存 | 38 |

### 《ま行》

| | | |
|---|---|---|
| み | みため | 61 |
| め | メニューバー | 10 |
| | 面積 | 109 |

### 《ら行》

| | | |
|---|---|---|
| ら | ラップブロック | 25 |
| る | 累乗計算 | 76 |
| れ | 連桁 | 130 |

## アルファベット順

| | |
|---|---|
| C 型ブロック | 25 |
| MIT メディアラボ | 6 |
| Scratch デスクトップ | 6 |

143

［著者略歴］

**梅原　嘉介**（うめはら・よしすけ）

1945 年生まれ
1973 年　関西大学大学院博士課程　経済研究科　満期退学
現　　在　中国学園大学　国際教養学部　国際教養学科講師
　　　　　全国アルゴリズム教育協会会長

【主な著書】

「文科系の入門 Basic」1990 年　日本評論社
「文系のための Java 入門」2004 年　工学社
「文系のために Android アプリ開発」2013 年　工学社
「基礎からわかる Unity3D アプリ開発」2017 年　工学社
「基礎からわかるネットワークシステムの理論と構築」2018 年、工学社

**石倉　果歩**（いしくら　かほ）

1997 年生まれ
現在　中国学園大学　国際教養学部　国際教養学科　4 年次生

## 質問に関して

本書の内容に関するご質問は、

①返信用の切手を同封した手紙
②往復はがき
③ FAX(03)5269-6031
　（ご自宅の FAX 番号を明記してください）
④ E-mail　editors@kohgakusha.co.jp

のいずれかで、工学社編集部あてにお願いします。
なお、電話によるお問い合わせはご遠慮ください。

サポートページは下記にあります。

［工学社サイト］
http://www.kohgakusha.co.jp/

**I/O BOOKS**

# Scratch 3.0 入門

2019 年 10 月 30 日　初版発行　ⓒ 2019

※定価はカバーに表示してあります。

著　者　梅原　嘉介
発行人　星　正明
発行所　株式会社 **工学社**
〒160-0004 東京都新宿区四谷 4-28-20　2F
電話　　（03）5269-2041（代）［営業］
　　　　（03）5269-6041（代）［編集］
振替口座　00150-6-22510

［印刷］ シナノ印刷（株）

ISBN978-4-7775-2091-6